刘 洋◎编著

哈佛公开课

海潮出版社
Haichao Press

图书在版编目(CIP)数据

哈佛公开课 / 刘洋编著. -- 北京 : 海潮出版社，2014.6

ISBN 978-7-5157-0693-1

Ⅰ. ①哈… Ⅱ. ①刘… Ⅲ. ①哈佛大学－课程设置－介绍 Ⅳ. ①G649.712.8

中国版本图书馆 CIP 数据核字（2014）第 109762 号

书　　名：哈佛公开课

作　　者： 刘　洋
责任编辑： 陈开仁
封面设计： 昇昇设计
出版发行： 海潮出版社
社　　址： 北京市西三环中路 19 号
邮政编码： 100841
电　　话： (010)66969738(发行)　66969736(编辑)　66969746(邮购)
经　　销： 全国新华书店
印刷装订： 北京毅峰迅捷印刷有限公司
开　　本： 710mm×1000mm　1/16
印　　张： 16.75
字　　数： 206 千字
版　　次： 2014 年 7 月第 1 版
印　　次： 2014 年 7 月第 1 次印刷
ISBN 978-7-5157-0693-1
定　　价： 29.80 元

前　言 | Foreword

关于哈佛 | About Harvard University

1638年，在英属北美殖民地马萨诸塞（Massachusetts）的小城坎布里奇（Cambridge），牧师约翰·哈佛（John Harvard）不幸因病去世。临终前，他将自己的一半积蓄——779英镑——以及全部400本图书捐献给小城里新成立的学院。在那时，对于一所创建仅两年、开始只有9个学生的学校，这可不是小数目。为了纪念他，坎布里奇市议会决定将这所学校命名为“哈佛学院”。这就是哈佛大学（Harvard University）的前身。这时距离美国建国还有138年，所以有“先有哈佛，后有美国”之说。

今天，这座位于查尔斯河畔的学府已经发展为拥有2个本科生院、11个研究生院、40多个科系、100多个专业的大型院校。哈佛现有1.8万名正式注册的学位候选人，另外还有1.3万名非学位学生在扩展学院（Harvard Extension School）学习。在哈佛大学工作的教职员工超过1.4万人，包括2千多名教授和讲师，还有7千多教员在所属各教学医院工作。哈佛大学拥有80个图书馆，藏书数量超过1600万册，仅次于美国国会图书馆、大英图书馆和法国国家图书馆。在所有学术研究机构中，哈佛大学接受的捐赠仅次于盖茨基金会（Bill & Melinda Gates Foundation），位居世界第二。将近 400 年的努力，使得哈佛大学成为在世界上享有顶尖学术地位、声誉、财富和影响力的教育机构，在众多大学排行榜里一直名列前茅。

哈佛大学的毕业生中有 8 位获选美国总统，包括现任总统贝拉克·奥巴马（Barack H. Obama）。超过 44 位诺贝尔得奖主正在或曾经任教哈佛，这还没算得奖校友的人数。从拉尔夫·爱默生（Ralph W. Emerson，诗人、思想家）到马克·扎克伯格（Mark E. Zuckerberg，社交网站 Facebook 创始人），有无数精英出自哈佛大学。进入哈佛，就等于走上了光辉的人生大道。

哈佛大学门槛相当高。2009 年，哈佛大学录取率创纪录地降到 6.3%：29112 人申请入校，27278 人被拒之门外。幸运地进入校门以后，所有本科生除了主修课程，还要在美学与理解、文化与信仰、数学与简化解释、道德理解、生命科学、物理科学、世界与社会及美国与世界这八类通识教育课程中获取足够的学分。成绩名列前茅的学生有资格拿到学位荣誉（cum laude），这是全世界无数学生的向往。

关于公开课 | About MOOC

教育是人类发展的助推器，能够进入顶尖学府接受教育是每个人的梦想。然而由于种种限制，使得绝大多数人梦想成空。

1962 年，美国发明家道格拉斯·恩格尔巴特（Douglas C. Engelbart，他最有影响的发明是鼠标）向斯坦福研究中心（Stanford Research Institute）提出一个研究“扩大人类智力之概念纲领”，并在其中强调使用电脑辅助学习的可能性。恩格尔巴特提倡电脑个人化，并解释使用个人电脑搭配电脑间的网络为何将造成巨大、扩及世界规模的信息交换。随着互联网的发展，这个计划如今已成为现实。

2007年，犹他州立大学（Utah State University）的大卫·怀利（David Wyllie）教授将自己的课程放到互联网上，结果原本只有5个研究生选修的课程吸引了来自8个国家的50名学生。从此，大型开放式网络课程（massive open online courses，MOOC）进入了迅猛发展的阶段，包括哈佛大学在内的世界顶尖学府纷纷加入其中，为全世界求知若渴的学子提供开放课程。2012年，哈佛大学又联合麻省理工（MIT）创建了在线课堂平台edX。edX目前吸引了超过90万注册用户，有29所教育机构参与其中，包括国内的北京大学、清华大学、香港大学和香港科技大学这四所高校。

网络公开课的出现，让全世界的人都可以足不出户就能享受到最顶尖的教育。这是优势教育资源对个人自修的赠与，甚至可以说，是人类迈向平等的重要一步。

关于本书 | About This Book

公开课的出现，让一股学习的热潮传遍世界，哈佛大学讲师塔尔·宾一夏哈尔主讲的《幸福课》、迈克尔·桑德尔教授主讲的《正义》、耶鲁大学谢尔利·卡根教授主讲的《死亡》等课程更是风靡世界。

然而能够共享的公开课程仍然是少数，哈佛大学近万种课程还有很多是外人难以企及的。为了能让更多的人接触到哈佛顶尖的教育，本书特选录了哈佛大学最受学生欢迎、与生活最为贴近的14门课程，系统介绍这些课程所涉及的相关基础知识，并与社会实践和现实生活相结合，可以使读者体验到世界最高水平的高等教育，能够成为读者自学的指引。

课程主讲人和课程内容的介绍来自哈佛大学官方网站：

http：//coursecatalog. harvard. edu

也希望有越来越多的人可以走进查尔斯河畔那座宽广的校园，亲身聆听世界顶尖学者的谆谆教导。

目 录

课程 01 幸福

课程名称 积极心理学 | ***Positive Psychology***

主　　讲 **Tal Ben—Shahar** | 哈佛大学哲学和组织行为学博士，心理学讲师。他的“积极心理学”是哈佛大学最受欢迎的课程，并以“幸福课”之名风靡世界

课程简介

幸福感是衡量人生价值的唯一标准，是所有目标的最终目标。人的幸福感主要取决于三个因素：遗传基因、与幸福有关的环境因素以及能够帮助我们获得幸福的行动。而积极心理学可以帮助人们活得更快乐、更充实。幸福，是可以通过学习和练习获得的。

什么是积极心理学

长期以来，心理学面对的大都是人类的精神缺陷：人格障碍、神经官能症或者智力不足。在对人类情绪的研究中，就有约 95% 的研究是关于抑郁、焦虑、偏见等负性情绪的。对《心理学摘要》杂志（*Psychological Abstracts*）电子版的搜索结果表明，自 1887 年至 2000 年，关于“焦虑”（anxiety）的文章有 57800 篇，关于“抑郁”（depression）的文章有 70856 篇，而关于“幸福”（happiness）的文章只有 2958 篇，提及“欢乐”（joy）的文章更是仅有 851 篇。搜索结果中关于消极情绪与积极情绪的文章比例大约为 14∶1。在对精神疾病的了解和疗法取得巨大进步的同时，心理学逐渐成为一门“受害者科学”（science of victims）。

但心理学界逐渐意识到，心理学不仅仅应对损伤、缺陷和伤害进行研究，也应对力量和优秀品质进行研究；治疗不仅仅是对损伤、缺陷的修复和弥补，也是对人类自身所拥有的潜能、力量的发掘；心理学不仅仅是关于疾病或健康的科学，它也是关于工作、教育、爱、成长和娱乐的科学。这种思潮的产物就是积极心理学（positive psychology）。

积极心理学的开创者是马丁·塞里格曼（Martin E. Seligman）、肯农·谢尔顿（Kennon M. Sheldon）和劳拉·金（Laura King），他们的定义道出了积极心理学的本质特点：积极心理学是致力于研究普通人的活力与美德的科学。积极心理学主张研究人类积极的品质，充分挖掘人固有的潜在的具有建设性的力量，促进个人和社会的发展，使人类走向幸福。

具体就研究对象而言，积极心理学的研究分为三个层面：

(1) 在主观的层面上，研究积极的主观体验：幸福感和满足、希望和乐观主义以及快乐和幸福流，包括它们的生理机制以及获得的途径；

(2) 在个人的层面上，研究积极的个人特质：爱的能力、工作的能力、勇气、人际交往技巧、对美的感受力、毅力、宽容、创造性、关注未来、灵性、天赋和智慧，目前这方面的研究集中于这些品质的根源和效果上；

(3) 在群体的层面上，研究公民美德和使个体成为具有责任感、利他主义、有礼貌、宽容和有职业道德的公民的社会组织，包括健康的家庭、关系良好的社区、有效能的学校、有社会责任感的媒体等。

积极心理学倡导探索人类的美德，如爱、宽恕、感激、智慧和乐观等，因此许多传统的心理学研究分支，如临床心理、咨询心理、社会心理、人格心理和健康心理学等，都可以在积极心理学的范式中将注意力转向对于人性积极面的研究。

比如在临床心理学领域，威廉·福莱特（William C. Follette）等人提出了怎样设计环境因素以唤起积极的行为，怎样教给个体控制环境和行为的技巧等方法，以帮助人们提升他们的生活质量。又比如芭芭拉·费迪逊（Barbara L. Fredrickson）提出管理心理学家应当努力培养组织成员的愉悦、兴趣、自豪和满足等积极情绪，因为这些情绪不仅能使个人改观，也能通过影响组织中的他人和顾客给整个组织带来变化，从而有助于组织的兴旺和发展。所有这些不同领域中的研究都表明，强调人性的积极面可以使心理学研究的各个分支领域更加注重于培养和调动人性中固有的力量，从而使得治疗、咨询、培训、教育、人际交往更为有效和顺畅。

积极的情绪和体验是积极心理学研究及关注的中心之一。对于积极情绪，芭芭拉·费迪逊提出了拓延一构建理论（broaden－and－build），认为某些离散的积极情绪，包括兴趣、满足、自豪和爱，都有拓延人们瞬间的“认知一行为”（thought－action）的能力，并能构建和增强人的个人资源，如增强人的体力、智力、社会协调性等。同时，其他实验研究表明，积极情绪拓延了“认知一行为”的个人资源，而消极情绪则减少了这一资源，而且积极情绪有助于消除消极情绪。关于积极情绪的研究很多，主观幸福感（subjective well－being）、快乐、爱等等，都成了心理学研究新的热点。

主观幸福感是指人们对其生活的看法和感受，即评价自身生存所作出的认知和情感的结论。幸福感的关键是一个人的价值观和目标如何在外部事件与生活质量之间进行协调，相关的研究使人们更易于理解德谟克里特斯（Democritus）和埃比克泰德（Epictetus）等古代哲学家的思想，他们认为不是发生在人们身上的事件决定了他们是否感到幸福，而是人们对事件的解释决定了人们的幸福感。生活事件与主观幸福感间关系的追踪研究表明，只有 3 个月内的生活事件会影响主观幸福感。对于生活事件男女两性有相似的反应，但也存在着一些性别角色的效应：女性持续地体验到琐细的小事件对主观幸福感的影响，而男性则更倾向于受近期的整体条件的影响。关于人格因素对于主观幸福感关系的研究发现，与主观幸福感联系最为紧密的人格特性为信任、情感稳定性、控制欲和耐性。跨文化研究表明，人格对于主观幸福感的情绪成分的影响是泛文化的，而对于主观幸福感的认知成分的影响则是受文化影响的。

在积极心理学中，积极的人格特性（positive personality）也引起了越来越多的研究者的兴趣。积极的人格特性又称为性格优势（character strengths），存在两个独立的维度：正性的利己特征（positive individualism）和与他人的积极关系（positive relations with others）。前者是指接受自我、具有个人生活目标或能感觉到生活的意义、感觉独立、感觉到成功或者是能够把握环境和环境的挑战，后者则指的是当自己需要的时候能获得他人的支持，在别人需要的时候愿意并且有能力提供帮助，看重与他人的关系并对于已达到的与他人的关系表示满意。

积极人格特性的存在是积极心理学得以建立的基础。这方面研究的共同点是将人类看作是自我管理、自我导向，并具有适应性的整体，其具体研究包括了自决（self－determination）、成熟防御机制、智慧、创造性等积极人格特质。自决理论探讨了三种相关的人类需要：胜任的需要、归属的需要和自主的需要。当这些需要得到满足时，个人的幸福和社会的发展将是乐观的。在此条件下的个体受内在激励，能够充分发挥其潜能，能够积极地寻求更大的挑战。

积极心理学从形成至今仅十几年时间，目前正处于发展阶段，试图对它做出全面的评价还为时过早。但它肯定值得我们给以仔细而又审慎的注意。积极心理学是一种新的研究方向，是对心理学的一种新的理论结构。通过对主流心理学的纠正，给现存的心理学内容与形式以补充。从长远看，积极心理学的重要性可能不在于其提出的任何特定的假设和规则，而在与为心理学乃至整个社会，提供了以新的方法看待人类的生存和问题的解决，而新的方法、新的思维的出现则是一门学科向前发展的动力之一。可以肯定的是，不论积极心理学是否遭遇和人本主义心理学（humanistic psychology）一样的命运，它必将推动心理学向前发展。

幸福从何而来

幸福是什么？让一千个人来回答，就会有一千种答案。很多人会把事业成功以及事业成功所带来的金钱、不断增加的财富以及财富可以带来的物质享受作为幸福的基本构成要素，但最后的结果仍然是幸福感的不断流失。

在古典经济学的奠基者亚当·斯密（Adam Smith）的理论框架里，幸福或者说人类福祉一直是一个核心的问题，但他并没有将财富作为唯一的研究目标，而是认为人类经济行为的核心价值是社会的和谐与人类福祉的提升。在《国民财富的性质和原因的研究》（*An Inquiry into the Nature and Causes of the Wealth of Nations*，即《国富论》）中，他令人信服地论证了人类幸福与收入的关系：在某一个极限点，高收入对一个人的幸福根本不起作用。斯密将更多的关注投向人类幸福的道德维度，在《道德情操论》（*The Theory of Moral Sentiments*）中他又进一步指出，真正的幸福是内心平静，而不是财富。

经济学家保罗·萨缪尔森（Paul A. Samuelson）提出过一个幸福的公式：幸福＝效用÷欲望。这个公式告诉我们，幸福感类似于满足感，它实际上是现实的生活状态与心理期望状态的一种比较，两者的落差越大，则幸福感越差。也就是说，知足是幸福的充分条件，但富足不是。

有朋友送给丹尼斯·狄德罗（Denis Diderot）一件质地精良、做工考究、图案高雅的酒红色睡袍，他非常喜欢。可是当他穿上华贵睡袍的时候，总是感觉书房里的家具风格不协调，地毯的针脚也粗得吓人。于是为了与睡袍配套，旧的东西先后更新，书房终于跟上了睡袍的档次。可这位法国哲学家却觉得很不舒服，因为自己“居然被一件睡袍胁迫了”。后来，狄罗德把这种感觉写成一篇文章，题目是《与旧睡袍离别的痛苦》（*Regrets on Parting with My Old Dressing Gown*）。200 年后，哈佛大学的经济学家朱丽叶·施罗尔（Juliet Schor）在《过度消费的美国人》（*The Overspent American：Why We Want What We Don't Need*）一书中，把这种现象称作狄德罗效应（Diderot effect），也叫做配套效应，就是人们在拥有了一件新的物品后，不断地配置与其相适应的其他物品，以达到心理上平衡的现象。

狄德罗效应可以给人们一种启示：对于那些并不必需的东西，千万别要。因为如果你接受了一件，那么心理上的压力会让你不断地接受更多不需要的东西。我们生活在一个开放和自由的信息世界，获得信息和机会的渠道越来越多，这为每个人的发展提供了机会，但也带来了精神的涣散和疲劳。海量的信息像一条河流，它变得越宽，就有越多的人淹死在里面。有很多人抱怨，现在电视频道越来越多了，但是可看的节目却越来越少了，潜台词就是：没有任何意义的节目越来越多。殊不知，狄德罗效应的影响，可能会把我们的生活变成一个遥控器，因为可选择的频道太多。结果，我们把时间都花在选台上，没有能够像以前一样，好好地欣赏过任何一个节目。选择多了，幸福却少了。

人生有四种模式，可以用汉堡包来形容。

第一种汉堡口味诱人，但却是标准的“垃圾食品”，吃它等于是享受眼前的快乐，但同时也埋下未来的痛苦。用它比喻人生，就是及时享乐，出卖未来幸福的人生，即“享乐主义型”。

第二种汉堡口味很差，里边全是蔬菜和有机食物，吃了可以使人日后更健康，但会吃得很痛苦。牺牲眼前的幸福为的是追求未来的目标，这是“忙碌奔波型”。

第三种汉堡是最糟糕的，既不美味，吃了还会影响日后的健康。与此相似的人，对生活丧失了希望和追求，既不享受眼前的事物，也不对未来抱期许，是“虚无主义型”。

第四种汉堡又好吃又健康，那就是“幸福型”。

一个幸福的人，既能享受当下所做的事，又可以获得更美满的未来。然而不幸的是，现实生活中的大部分人都属于“忙碌奔波型”。塞里格曼说，幸福指数是先天的遗传素质、后天的环境与主动控制心理的力量的总和。幸福应该是快乐与意义的结合。幸福的人必须有一个明确的、可以带来快乐和意义的目标，然后努力去追求。真正快乐的人，会在自己觉得有意义的生活方式里，享受它的点点滴滴的。

想要获得幸福并不是太困难的事情，但应当时刻注意以下十个问题：

(1) 遵从你内心的热情。选择对你有意义并且能让你快乐的课，不要只是为了轻松地拿一个A而选课，或选你朋友上的课，或是别人认为你应该上的课。

(2) 多和朋友们在一起。不要被日常工作缠身，亲密的人际关系，是你幸福感的信号，最有可能为你带来幸福。

(3) 学会承担失败。成功没有捷径，历史上有成就的人，总是敢于行动，也会经常失败。不要让对失败的恐惧，绊住你尝试新事物的脚步。

(4) 接受自己全然为人。失望、烦乱、悲伤是人性的一部分。接纳这些，并把它们当成自然之事，允许自己偶尔的失落和伤感。然后问问自己，能做些什么来让自己感觉好过一点。

(5) 简化生活。更多并不总代表更好，好事多了，也不一定有利。你选了太多的课吗？参加了太多的活动吗？应求精而不在多。

(6) 有规律地锻炼。体育运动是你生活中最重要的事情之一，每周只要3次，每次只要30分钟，就能大大改善你的身心健康。

(7) 睡眠。虽然有时熬通宵是不可避免的，但每天7～9小时的睡眠是一笔非常棒的投资。这样，在醒着的时候就会更有效率、更有创造力，也会更开心。

(8) 慷慨。现在你的钱包里可能没有太多钱，也没有太多时间，但这并不意味着你无法助人。“给予”和“接受”是一件事的两个面。当我们帮助别人时，我们也在帮助自己；当我们帮助自己时，也是在间接地帮助他人。

(9) 勇敢。勇气并不是不恐惧，而是心怀恐惧，仍依然向前。

(10) 表达感激。生活中，不要把你的家人、朋友、健康、教育等这一切当成理所当然的。它们都是你回味无穷的礼物。记录他人的点滴恩惠，始终保持感恩之心。

千万不要忘了表达感激。它不是获得幸福之后的回报，而是直接带来幸福的源泉。如果一个人大言不惭地说：“世界上没有人给过我任何东西。”那么他一定是下一场悲剧的主角。这种人不论口袋里是穷是富，他的灵魂一定是贫乏的。这种人有时会因为偶然的机遇而威风一时。不过由于他们多半专横自私，只知道从别人那里得到好处，却不知有所回馈。短视的后果，往往是使得帮助他们的人感到失望，不再给予支持。他们还经常自以为是，从不考虑自己的责任，甚至有被害妄想的倾向，总是认为别人在算计他，对他不怀好意，想要陷害他。消极的心态会使他们离开心态积极的人，而与同类型的人臭味相投，然后逐渐深陷其中而无法自拔。

感恩的心态不是天生就有的，它是培养出来的，由于我们只注意我们需要什么，很少注意这些东西是从哪来的。如果你要拥有美好的生活，就应培养感恩的心。

乐观与悲观

一只玻璃杯，里面倒了半杯水。试问：这只杯子是半满的还是半空的？

表面上看起来，乐观主义（optimism）与悲观主义（pessimism）在本质上是相同的，而且两者正好具备了相反的优点与缺点：乐观的人在行动上比较积极，但往往低估了实际上的困难，所以有时会在危险的路上碰到意外；相反地，悲观的人过于慎重，容易错失良机。总之，将两者适度混合，就能达到理想境界。但是实际上，乐观主义与悲观主义不仅对未来的看法截然不同，对自己与他人也采取不同的态度。

悲观是人自觉言行不满而产生的一种不安情绪，是一种心理上的自我指责，自我的不安全感和恐惧未来的多种心理活动的混合物。悲观的人情绪低落，对自己的过去一概加以否定，心理上充满了自责与痛苦，仿佛有说不完的遗憾和悔恨。

悲观者对未来缺乏信心，认为自己什么事都干不好，在认知上否定自己的优势与能力，无限放大自己的缺陷。悲观者实际上是以自己悲观消极的想法看客观世界，在他们心中，现实是或多或少被丑化了的。悲观的情绪和其他情绪低落症状相比有一个特点，就是悲观者对于未来的态度特别低落。一般来说，悲观的人往往是因为受到了长期的心理挫折，这种挫折不一定是很剧烈的，但是慢慢累积起来，就会使人丧失信心。

悲观的人最容易失去自信，最后导致一事无成，因为他还没有做的时候就觉得不能成功，这样就不会把所有的能力投入进去。在人际交往中，悲观者有取悦他人的倾向，承担不属于自己的过错。这和他们内心的自卑和自责心态相关。他们个性胆小怕事，习惯于退缩和忍让。当然，心里往往会相当痛苦。极端悲观的人常用反常性的方法保护自己。

约纳斯·格达（Jonas Geda）的一项研究表明，悲观的人可能更容易患老年痴呆症。1962 年至 1965 年间，他对 3500 人进行了明尼苏达多项人格测验（Minnesota Multiphasic Personality Inventory，MMPI），这是一种关于个性及生活经历的心理测试。40 年后，格达对这些人进行了跟踪调查，发现那些在个性测试中悲观表现得分高的人，出现痴呆的风险比其他人要高出 30%。悲观情绪还会影响到组织器官，引起一系列的生理变化，不仅会造成代谢功能的失调，如心率、血压、消化功能的紊乱，而且会导致内分泌失调或降低免疫功能。

一项针对 480 名 65 岁以上关节炎患者的研究发现，悲观的人对膝关节疼痛和关节障碍的抱怨比没有悲观想法的人要多，而且更难完成日常的活动。乐观的人更有可能尝试锻炼。这种锻炼虽然不能改善疾病状况，但至少能够防止病情的恶化。而悲观的人即使尝试进行锻炼，他们也更有可能感到疼痛，并且增强他们认为没有什么能帮助他们的想法，并因此而停止锻炼，这就好像是一种自我满足的消极预言。

发展心理学家发现，悲观的孩子觉得受挫是因为自己个人的素质和能力差，而乐观的孩子则认为受挫是因为一些外在、不稳定或特殊因素。在一项历时 5 年的调查中，500 多名儿童每半年接受一次测试，目的是为了探索乐观和悲观的态度与抑郁间的关系。结果发现悲观的儿童有较严重的抑郁倾向。在一共 9 次的重复测试中，抱乐观态度的儿童面对挫折与抑郁程度间的相关度在 24%～31%之间。更重要的是，乐观的态度可以可靠地预测抑郁程度的变化。乐观的小孩子抑郁程度会随时间下降，而悲观的小孩子抑郁程度则会随时间上升。

当然，也有相反的现象。肯特·贝里奇（Kent C. Berridge）发现，有时人们在面对挑战时，会故意抱悲观的态度，觉得自己是会失败的。可是他们虽然悲观，却不自暴自弃。相反地，他们会努力准备应付挑战。肯特称这种悲观态度为防御性的悲观态度，因为持有这种态度的人，预料自己会失败，所以即使真的失败了，也不会感到很沮丧。他们虽然抱着必败的心情应战，但仍努力地做好准备，要是真的成功了，便会喜出望外。

抱有这种态度的人在早期的学业成绩上，并不比乐观的同学逊色，这是因为持防御性悲观态度的人在测验考试前，战战兢兢，全神贯注地防止失败发生。可是要长期战战兢兢地备战，身体和精神上难免有所消耗。因此，抱防御性悲观态度的学生到大学四年级时，不但成绩退步了，身体和精神健康也开始出现问题。似乎防御性的悲观态度虽能产生一时的效用，但不是长久之计。

失望的反应来自于每个人的人生观，那些期盼成功的人对周围事物的看法都是积极向上的，而总是在事情完成之前就预计要失败的人看起来是积极面对失败，但事实上内心仍然希望自己能够做得很好，当真的失败后他们会非常在意，而且会责备自己。正如英国作家吉尔伯特·切斯特顿（Gilbert K. Chesterton）所说："悲观主义像鸦片一样，是一种有毒的物质。虽然有时可以入药，但绝对不能当饭。"由此可见，无论对身心健康还是事业成就来说，乐观的心态都比悲观心态要好。

马丁·塞里格曼曾对某公司新招收的5000名推销员进行乐观心态的测试。有几位员工在公司的常规知识测试中不及格，而在乐观素质测试中得了最高分。经过跟踪调查，他们在第一年的推销量比那些"悲观者"多20%，第二年竟高出57%，自这以后，该公司便将"赛氏测试"作为招聘新员工的主要测试手段。

一个人要想生活得幸福，必须充分认识到快乐的巨大意义和价值，要培养强烈的快乐意识，在日常生活中，积极、正确地追求快乐。快乐，一方面取决于客观实际；另一方面则取决于认知、思维方式。如果觉得不幸福，就会感到不幸；相反，只要心里想着快乐，绝大部分人都能如愿以偿。很多时候，快乐并不取决于你是谁，你在哪儿，你在干什么，而取决于你当时的想法。

莎士比亚说："乐观的人在每个忧患中看到机会，悲观的人在每个机会中看到忧患。"乐观者比较容易克服困难，因为他会积极寻找新的解决方法，在很短的时间内就把不利的条件转变成有利的条件。悲观者则会因为一下子就看到困难而心生畏惧、退缩不前。其实在很多情况下，只需要一些想象力，情况就会完全改观。

古希腊哲学家伊壁鸠鲁（Epicurus）说："人类不是被问题本身所困扰，而是被他们对问题的看法所困扰。"如果掌握了乐观思维法，万事万物都能够带给我们快乐。请记住苏格兰诗人威廉·夏普（William Sharp）的诗句吧：如果一种方式无法使你快乐，那么，试试看另外一种/快乐这种事没有深奥的哲理，只要健康幽默的人都能拥有/许多人追求幸福之不可得，就像个粗心大意的人/不停地找着戴在头上的帽子。

消解完美主义

完美主义（perfectism）是一种追求尽善尽美的极端性格。阿尔伯特·艾利斯（Albert Ellis）认为，人类天生就有一种异常强大的倾向，要求并且坚持他们生活中的一切都得尽善尽美。力图把一件事情做得更完善的心理倾向，即自圆心理（accomplish the circle），或者称为蔡加尼克效应（Zeigarnik effect）。想象一下，一笔画个圆圈，在交接处有意留出一小段空白，几乎所有人脑子里必定会闪现出要填补这段空白弧形的意念。积极的自圆心理是促使个体产生完成某项活动的强大的内动力，使人根本无须别人的管理和监督也会不断向前。

1927 年，女心理学家布鲁纳·蔡加尼克（Bluma Zeigarnik）设计了一系列实验证实了“回忆未完成工作比回忆已完成工作更容易”的心理现象。她分派给被试 15 种～22 种不同的任务，有些任务属于手工操作的性质，有些任务则明显要求智能的运用。这些任务繁简不一，如写下一首你喜欢的诗，从 55 倒数到 17，完成拼板，演算数学题，把一些颜色和形状不同的珠子按一定的模式用线穿起来，等等。完成每次任务所需要的时间大体相等，一般为几分钟。

在实验过程中，只让被试完成一半任务，例如在被试进行一些智力任务时，允许他们坚持完成，直到发现答案为止；而当被试进行另一半任务时，主试则中途加以打断，让被试停止操作，而去干别的事情。这里，允许做完和不允许做完的任务的出现顺序是随机排列的。做完实验后，在出乎被试意料的情况下，立刻让他们回忆做了 22 件什么任务，结果发现，约有 50%的任务能被回忆起来；未完成的任务平均被回想起 68%，已完成的任务只能被回想起 43%。这就证实了蔡加尼克当初的假设，即回忆未完成任务的数量可能明显地高于回忆已完成任务的数量。如果前者用 I 表示，后者用 C 表示，那么“IC 比率”就可以作为完美主义的衡量指标。根据统计，一般人的 IC 比率平均值在 1.6～2.0 之间。这个数值越大，则完美主义的倾向越高。

完美主义是一种人格特质，具有完美主义性格的人通常有下列特性：注意细节、缺乏弹性、注重外表的呈现、不允许犯错、自信心低落、追求秩序与整洁、自我怀疑、无法信任他人。完美主义性格大致分为三种类型：

（1）要求自我型的完美主义者：给自己设下高标准，而且追求完美的动力完全是出于自己；

(2) 要求他人型的完美主义者：为别人设下高标准，不允许别人犯错误；

(3) 被人要求型的完美主义者：追求完美的动力是为了满足其他人的期望，总是感觉自己被期待着，时刻都要保持完美。

追求完美是人类文明进步、社会持续发展的重要动力源。一个人如果没有对完美的期待，很容易导致做人做事随便马虎。但是若过度求全求美，会使人陷入自怨自艾的恶性循环。

心理学研究证明，试图达到完美境界的人与他们可能获得成功的机会恰恰成反比。追求完美给人带来莫大的焦虑、沮丧和压抑。完美主义者的潜意识里会有许多非理性的想法，如“我一定要完美，否则就会让……很失望”，“这次的问题都是我的错，我应该提前预料到……”事情刚开始，他们在担心着失败，生怕干得不够漂亮而辗转不安，这就妨碍了他们全力以赴去取得成功。而一旦遭到失败，他们就会异常灰心，想尽快从失败的境遇中逃避开去。他们没有从失败中获取任何教训，而只是想方设法让自己避免尴尬的场面。

完美主义者抱着一种不正确和不合逻辑的态度对待生活和工作，每天都是焦虑不安的。更严重的是，完美主义者因为做人或者做事树立的标准太高，事事要求无懈可击，就容易导致强迫性人格（obsessive—compulsive personality）。强迫性人格的特征可能概括为不完善感、不安全感和不确定感。只要有一个非常突出，就是典型的强迫性人格。强迫性人格的最主要特征就是要求完美，容易把冲突理智化，具有强烈的自制心理和自控行为。

苛求完美无异于追求痛苦。世上没有十全十美的人，没有十全十美的事物，平庸的人类才是世界的主体。要打破原有的思维模式，对于一些富于挑战意义的工作，不作过于乐观的要求。先为自己确定一个短期的合理的目标。只要目标合理，每次总能接近或超过目标，才能逐渐培养起成就感和自信心。

实际上，对事物的过度关注会降低成功的可能性。1908 年，罗伯特·叶克斯（Robert M. Yerkes）和约翰·多德森（John D. Dodson）通过动物实验发现，随着课题难度的增加，动机最佳水平有逐渐下降的趋势，这种现象就称为叶克斯—多德森定律（Yerkes—Dodson Law）。

研究证明：个体智力活动的效率与其相应的焦虑水平之间存在着一定的函数关系，表现为一种“∩”形曲线。当人的心态过于放松，丝毫也不紧张时，认识操作的成绩很差。即随着焦虑水平的增加，个体积极性、主动性以及克服困难的意志力也会随之增强，这时焦虑水平对效率可以起到促进作用。当焦虑水平为中等时，能力发挥的效率最高，认识操作成绩最好。而当焦虑水平超过了一定限度时，过强的焦虑和兴奋对能力的发挥又会产生阻碍作用，认识操作的成绩又降下来。

叶克斯—多德森定律揭示了紧张焦虑程度对能力发挥的利弊之间的关系，并告诉人们：轻度紧张、适度焦虑，相当于神经内分泌功能的总动员，会调动自己生理、心理的各种积极因素，以应付紧急情况，有助于临场竞技水平的发挥。但是，如果过分紧张，焦虑过度，就会出现心理疲劳的现象，严重地影响能力的发挥。正如温斯顿·丘吉尔（Sir Winston L. S. Churchill）所说的：“‘唯尽善尽美者为上’，这句格言的含义就是两个字：瘫痪。”

所以，人们对自己在某件事情上发挥水平的期待应该是适度的。在面临重大行动之际，一定要根据自己的实际能力和目标的相对难度来调节焦虑水平，可以通过模拟或参照以往的结果来了解自我，判断行动的难度，然后量力而行。

伯纳德·蒙哥马利（Bernard L. Montgomery）曾经对他的首相说：“我

不喝酒，不抽烟，到晚上 10 点钟准时睡觉，所以我现在还是百分之百的健康。”丘吉尔却说：“我刚巧与你相反，我既抽烟，又喝酒，而且从来都没准时睡过觉，但我现在却是百分之二百的健康。”个人能力总是因人而异且是有限度的，因此每个人都应保持放松的心态，实事求是地衡量和估计自己，正确地分析自己的优势与不足，据此提出适合自己的合理期望，绝不要拼命蛮干。生活上则要知足常乐，不盲目攀比、追求虚荣。坚持合适的标准，安排好自己的生活，这样就会感到心安理得、轻松自在。

扩展阅读

Adam Smith
The Theory of Moral Sentiments

Daniel Gilbert
Stumbling on Happiness

Christopher Peterson
A Primer in Positive Psychology

Martin E. Seligman

Authentic Happiness: Using the New Positive Psychology to Realise Your Potential for Lasting Fulfilment

任俊

积极心理学

课程 02 公正

课程名称 正义，怎样做才正确？｜***Justice*：*What's the Right Thing to Do*？**

主　　讲 **Michael J. Sandel**｜哈佛大学政治哲学教授，美国文理科学院院士，当代西方社群主义理论代表人物

课程简介

对古典及现代公正理论的批判性分析并探讨其现实意义。主题包括平权法案、收入分配、同性婚姻、市场的作用、人权与财产权利、赞成和反对平等主义的理由，以及公共及私人领域中的忠诚困境问题。

什么是正义

什么是正义？

取决于你认为什么才是正义（Justice）。正义是衡量和调节人类日常行为的基本准则，是哲学、法学和神学历史上不断思考和辩论的话题。正义与其他伦理价值区别在于，正义的重要性被视为必要和压倒性的。善意、博爱、仁慈、慷慨、同情都很重要，但它们与其说必要不如说是额外价值。

正义对个人和社会有什么要求？平等制、精英制、视地位而定或其他的排列方式，怎样才是对一个社会内财富和资源的适当分配？几个关于公平正义的重要问题在西方历史进程中曾激烈辩论过，各种政治观点和哲学对这些问题有无数可能答案。

在古希腊，正义理论早先曾作为一种调整自然力对宇宙组成部分而得以平衡与协调的宇宙原则而出现。后来的古代思想家们一般主张一种“道德正义”的理论，正义论处于政治学、道德哲学的中心位置。当希腊人开始摆脱对传统秩序的盲从，反思政治法律的合法基础时，正义范畴被引进了关于政治的哲学。柏拉图（Platon）说：“各尽其职就是正义。”他认为国家如果根据每个人的天赋和教育训练分配给他一种适当的工作，使所有的人各司其职，互不僭越，就实现了社会正义。古罗马的乌尔比安（Domitius Ulpianus）则主张：“正义就是给每个人以应有权利的稳定的永恒的意义。”古罗马的学说基本赞同合乎正义的三条原则：正直地生活，不损害别人，各得其所。

正义，首先是规制人与人之间相互关系之社会秩序（social order）的一种可能而非必然的品质，其次是人的一种德性（virtue），因为如果人的行为符合了社会秩序中被认为是公正（just）的规范，则此人的行为即是公正的。但称某种社会秩序公正，此种说法的真实含义何在？无非是指此规范对人们行为达到了令所有人都满足的程度，也就是说，每个人皆能在此社会秩序中找到幸福。对正义的渴求就是人类对幸福的永恒渴求。

正义是主观的价值判断，一种行为、状态是否正义涉及到三个要素：人、社会和与人直接相关的事物。人是正义反映的主体，也是评价正义的主体；社会的形成归于人的产生和结合，社会对人的分工、分配起着重要作用，个人得不到与他人平等的地位、待遇，往往归结于社会的不正义；而与人直接相关的事物，如地位、资格、自由等，其多寡优劣主导着人们的评价。在远古最原始的社会形成时，有了原始的劳动成果的分配，人们就开始了关于正义的讨论。至于何种行为与状态是正义的，用不同的标准、角度和站在不同的立场上，其观察和得出的结论往往是不同的。所以正义是一种维护某种秩序的行为，这种行为可以是某人的思维，可以是某人的行动，也可是某种表述出来的评判标准。

关于正义的研讨可大略分为两类，分配正义（distributive justice）着重在人群间适当分配对人有益的东西——如财富、权力、报酬和尊敬。平等主义（egalitarianism）就是一种分配正义理论，认为对财富的适当分配方式是平等分配。应报正义（retributive justice）着重对恶行的适当回应。同态复仇（equal retaliation）就是一种应报正义理论，认为适当的惩罚是等同所受到的不正当损害，比如“以眼还眼、以牙还牙”。

如果可以挽救五个人，那么牺牲一个人也是值得的。这是结果主义的正义观。结果主义的道德推理认为行为的正义与否取决于该行为所产生的后果，即我们的行为对外界产生的影响。但是如果加上另一些条件，人们就对结果主义的道德推理产生疑问了。如果选择撞死一名工人而挽救五个工人是勉强可以接受的话，那么把胖子从桥上推下去就无法让人接受：即使是为了救回五条人命，杀害一个无辜者始终是错的。就引出了第二种正义观：绝对主义的道德推理。绝对主义的道德推理认为，道德有其绝对的道德原则，有明确的责任和权利，而无论所造成的结果是怎么样的。

下面我们就分别阐释这两种关于正义的道德观念。

边沁与功利主义

结果主义（consequentialism），指一个行为的对错，要视该行为就总体而言是否达到最高内在价值来决定，即结果主义的道德推理取决于道德行为的后果。功利主义（utilitarianism），是结果主义哲学体系中重要的学说。

功利主义认为，人应该做出能达到“最大善”的行为，所谓最大善的计算则必须依靠此行为所涉及的每个个体之苦乐感觉的总和，其中每个个体都被视为具相同分量，且快乐与痛苦是能够换算的，痛苦仅是“负的快乐”。不同于一般的伦理学说，功利主义不考虑一个人行为的动机与手段，仅考虑一个行为的结果对最大快乐值的影响。能增加最大快乐值的即是善，反之即为恶。

早在功利主义正式成为哲学理论之前，就有功利主义思想雏型的出现。古希腊的阿瑞斯提普斯（Aristippus）、伊壁鸠鲁（Epicurus）、中国古代的墨子的伦理学中都存在如何促使最大快乐的思维，他们是古人中的功利主义先驱。功利主义根据应用的方式可分为以下三种：

首先是情境功利主义（act—utilitarianism）。情境功利主义强调的是“在此时此刻这个情境下，该怎么做才能促进全体快乐值”。而不是问“若将此道德律推广到每个人身上会对全体快乐值造成什么影响”。举个例子，说谎一般来说是错误的行为，但在某些情境下，情境功利主义者会认为说谎是对的，像善意的谎言、为保守国家机密而说谎等。

其次是普遍功利主义（general—utilitarianism）。普遍功利主义重视的是“若每个人都按照我现在遵守的道德律作出行为，这个世界会变成什么样子”。最明确的例子是“穷人可不可以夺取富人的财富”按照情境功利主义，这似乎是可以接受的，因为这可以促进最大快乐值，但普遍功利主义提醒我们，若每个人都这么做，那社会将变得不成样子。

最后是规则功利主义（rule—utilitarianism）。规则功利主义，若每个人都永远遵守同一套道德规范，就能产生最大快乐值。常见的应用可见于交通规则，不能像情境功利主义那样，视哪种方法能取得最大快乐值而决定该往左开还是往右开，而是根据既定的规范。若大家都能遵守交通规则，那么交通就能安全便利。但需要注意这个规则制定时的合理性。也有批评学者认为实际是变化的，这种规则若不能紧跟变化会最终走向不合理。

英国哲学家杰里米·边沁（Jeremy Bentham）是功利主义哲学的代表人物。边沁的功利原理有两个出发点和前提：

（1）功利原理或最大幸福原理（maximum happiness）；

（2）自利选择原理（self—selection）。

关于功利原理，边沁认为，人们一切行为的准则取决于是增进幸福抑或减少幸福的倾向。不仅私人行为受这一原理支配，政府的一切措施也要据此行事。按照边沁的看法，社会是由各个人构成的团体，其中每个人可以看作是组成社会的一分子。社会全体的幸福是由组成此社会的个人的幸福的总和。社会的幸福是以最大多数的最大幸福来衡量的。如果增加社会的利益即最大多数的最大幸福的倾向比减少的倾向大，这就适合于功利原理。边沁把功利原理应用于经济学，各种经济制度和经济政策恰当与否以功利原理作为权衡标准。

所谓自利选择原理，按边沁的说法是：什么是快乐、什么是痛苦，每个人自己知道最清楚，所以什么是幸福也是各个人所知道的。各个人在原则上是他自身幸福的最好判断者。同时，各个人追求一己的最大幸福，是具有理性的一切人的目的。在人类社会生活中，自利的选择占着支配地位。当人们进行各种活动的时候，凡是对自己的最大幸福能有最高的贡献，不管对自己以外的全体幸福会带来什么样的结果，他都会全力追求，这是人性的一种必然倾向。

功利主义的影响甚为广泛。它在法律、政治学、经济学方面更有特别显著的重要性。例如在惩罚方面，功利主义反对“一报还一报”的“报应”理论。功利主义者认为惩罚的基本原理是通过改造罪犯或保护社会不受罪犯破坏，从而避免发生更多的犯罪行为，同时也使其他人因惧怕受到惩罚而不敢犯罪。在政治哲学上，功利主义者赞成将民主作为使政府利益与公众利益取得一致的一种方法，他们认为每个人的最大自由和其他人的同等自由是一致的。不过也有人因为强调政府利益的一面，而走向保守主义。另一方面，也有人因相信人性本善，认为最大的幸福是来自社会的根本变革，从而走向无政府主义的共产主义。

在经济学上，以威廉姆·杰文斯（William S. Jevons）为代表的边际效用学派（grenznutze school）也从边沁那里吸取了许多思想。杰文斯认为经济学的目的是求以最小痛苦的代价来购买快乐，而使幸福增至最高度。这就要求对快乐和痛苦进行计算，因而把经济学叫作“快乐与痛苦的微积分学”。在经济政策上，早期的功利主义者倾向自由贸易，反对政府干涉。后期的功利主义者由于对私人企业的社会效率失去信心，又希望政府出面干涉来纠正私人企业的弊病。

英国哲学家约翰·密尔（John S. Mill）是边沁之后功利主义的最重要代表人物之一。他从小受到边沁功利主义的熏陶，始终坚信“幸福”是人类一切行为的规则和标准，并且是人生的目的。但在他生活的年代，阶级矛盾比边沁时代尖锐化了，他同情无产阶级的悲惨境遇，因而对功利主义作了新的解释，认为人生的目的应脱出图谋一己幸福的范围，而去关心他人的幸福和人类状况的改善，也就是从“自利”转变为“牺牲”。他晚年写的《功利主义》认为人类有为别人的福利而牺牲自己的最大福利的能力，如果是不能增加幸福总量、或没有增加幸福总量的倾向的牺牲，不过是白费。他强调功利主义在行为上的标准的幸福，并非行为者一己的幸福，而是与此有关系的一切人的幸福。当你待人就像你期待他人待你一样，爱你的邻居就像爱你自己一样，那么，功利主义的道德观就达到理想完成的地步。

但是功利主义并没有长期占据正义理论的主要位置，尤其是在与正义关系最紧密的法学领域。人类行为的动机是多种多样的。功利只是人类行为的动机之一，功利主义试图以功利来概括全部人的行为动机，把快乐当作道德的唯一价值，把追求功利当作人生的唯一目标，忽略了人的需要的多样性，经不起现代心理学的检验。历史学家阿诺德·汤因比（Arnold J. Toynbee）认为，“人在想像到关于星辰的知识可以对农民或航海者具有任何实际用途之前很久，早就已经对星辰怀有好奇心了。假如他没有这种无私的好奇心，没有这种显然是人的、超越于动物之上的对待宇宙万物的态度，那么功利也就不会接踵而来”，因此功利原则不可能涵盖人类所有的行为。

事实上，人不是以功利为动机的冰冷的计算器，而是丰富多彩、充满激情的社会主体，功利主义把人的本质简单化和绝对化了，无法解释复杂多变的社会生活，这也是功利主义法学虽然对西方法律思想产生了重大的影响，但是却没有能够长期占据西方法律思想舞台的重要原因。借用英国大法官丹宁勋爵（Alfred T. Denning）的评价："他（指边沁）是世间最自负的人。就像浴室里的阿基米德一样，1768 年他发现'最大多数人的最大幸福'这一成语时，他喊道：'尤里卡!'（古希腊语，意为'好啊！有办法啊!'）他认为功利主义哲学可以解释所有法律和社会问题。但它什么也解释不了。"

根据边沁的遗愿，他骨架和头部被保留下来，穿着衣服坐在伦敦大学学院主楼的南回廊里。这是他试图增加社会全体幸福的最后一次努力。

康德的绝对主义道德观

拿破仑说过，英国是个"小商人的国度"，这也是英国成为"善于算计"的功利主义哲学大本营的重要社会因素。而德国人这个擅长理性思考的民族则比较偏向于绝对主义的正义观，他们中最具里程碑式的人物是伊曼努尔·康德（Immanuel Kant）。作为德国古典哲学的创始人，康德提出一个与众不同的理由，来解释为什么我们有义务尊敬别人的尊严，并且不能仅仅把人当成工具——即使是出于好意也不可以。

康德反对功利主义。在他看来，作为个体的人以及全人类都有一定的尊严，而我们必须尊重这种尊严。就康德所言，个人之所以神圣且天赋权利，并不是因为我们拥有自己，而是源于我们都是理性存在（rational existence）的生命。我们是理性存在，其意义就是我们能够理性思考。同时，我们又是独立自主的存在，也就是说，我们有能力主动行动，并且自由选择。他并不否认功利主义关于“人类趋利避害”的观点，但他否认痛苦和欢乐主宰了我们。康德认为，是理性思维使我们脱离并超越了动物般的存在，使人类脱颖而出，并与其他生命截然不同。

康德的观点是，如果我们像动物一样追求享乐或者满足感官之欲，或者一味本能的回避痛苦，如果我们像这样活着，那我们并不是自由的。因为这样一来，我们就成了屈服于欲望和冲动的奴隶。我们不能选择某次特定的忍饥挨饿或某次刻意的大饱口福，因此，当我们出于欲望而行动的时候，我们只是回应了本能需求的呼唤而已。

在康德看来，自由是本能需求的对立面。自由的行动就意味着自主的行动，而自主的行动就意味着遵从自己为自己设定的规则而行动。不是出于自然法则或因果定律，不是出于想吃想喝的欲望，也不是选择这家餐馆而非那一家。他发明了一个术语来描述自主的对立面——他律（heteronomy）。当人因“他律”而行动时，人的行动是自己无法选择的，而是出于某种偏好或本能欲望。因此，作为自主的自由，就是康德所坚持的严格定义。

绝对主义道德观认为，行为的道德价值并不取决于行为所产生的结果。行为在道德上是否有价值，与其动机有关，与意志的高度有关，与行为要达成的意图有关。动机决定了道德价值。只有特定的某些动机才会产生道德价值。因此，某个行为的道德价值取决于发动这个行为的目的，其中最重要的是，此人做的正确的事情是出于正确的目的。

康德说：“高尚的意志之所以高尚，并不是看它达成的效果。高尚的意志因其自身而高尚。即使尽了最大的努力也一无所成，它仍然因其自身而闪耀光芒，它本身就蕴含了全部的价值。”由此，如果某种行为在道德上是好的，那么仅仅符合道德的要求是不够的，该行为必须本身就是出于道德目的而发出的。康德的观点是，赋予行为其道德价值的是动机，而且只有一种动机可以将道德价值加诸行为，这就是出于义务的动机。

那么，就基于“做对的事情的义务”的动机而言，其对立物又是什么呢？在康德看来，其对立物是我们所有那些被爱好所驱动的动机。“爱好”则指我们所有的欲望，我们所有偶发的渴望、偏好、冲动等诸如此类。只有出于道德准则、出于义务所采取的行为才具有道德价值。

康德以曾经一个店主来做例子，想借此将人们的思维带出直觉的局限，让人们认同某个行为之所以具有道德价值，是因为行为本身的正确性。他说，假设有个店主在店里接待一位陌生的顾客。店主知道自己可以故意给这位客人少找零钱，而且不会因此受到任何惩罚，至少顾客本人一定会被蒙在鼓里。尽管如此，店主却说：“好吧，如果少给这位顾客找钱，这事情可能会传出去，我的信誉会因此受损，我的生意也会遭受损失。因此我不应该少给这位客人找钱。”这位店主没有犯错，他找给客人分毫不差的零钱，但是他的这一行为是否具有道德价值呢？康德的回答是“不”，这位店主的行为不能说是高尚的。因为他的行为虽然正确，但他的理由却是错误的，是为了自私的利益。

康德还举了另一个例子——自杀。他说，我们有珍爱自己生命的义务，当然，对于大多数人来说，我们珍爱自己的生命，并且有很多理由不放弃生命。因此，要想将“珍爱生命”与“放弃生命”两种动机相区分，我们只有一个办法，就是想象某人虽然处于悲惨的境地、过着极度痛苦的生活，却仍然认同珍爱自己生命的义务，并且不肯以自杀的方式结束人生。这个例子的力量在于，它指出了决定性的动机。就道德而言，至关重要的是出于义务而做正确的事。

理性主导着人的意愿，当人们遵守道德法则的时候，是同样的理性让人们为自己选择了道德法则，这就是为什么我们能自主为自己做出选择。我们是有自主能力的个人，我们最后都遵循同一个道德法则——绝对命令（categorical imperative）。

康德认为，正义的原则也就是绝对命令。按照康德的理解，所谓绝对命令就是根据作为自由而平等的理性存在的人的本质而适用于一个人的行动原则。这个原则是否有效，不以一个人是否具有特定的欲望或目标为先决条件。相反，一种假设的命令却认为：它命令我们采取某些步骤，作为实现具体目标的有效手段。无论这是想要得到某种特定事物的欲望，或是要得到某种比较普遍的事物的欲望，如某种令人愉快的感情或乐趣，与之相应的命令都是假设的。这种假设是否适用，决定于一个人是否具有某种目标，而作为一个有理性的人的一个条件，他并不需要具有这种目标。

康德认为无论如何说谎都是错误的。对此，法国哲学家本杰明·康斯坦特（Benjamin Constant）写了一篇文章来回应，认为这个绝对设想是错的，“大错特错”。他写道：“如果有一个杀手来到你的门前，寻找你的朋友，而你的朋友正好躲在你家里；杀手直截了当的问你‘你的朋友在你家么？’。”康斯坦特说“如果在这样的情况中还要说真话”，“那真是疯了”。康斯坦特认为：杀手不配享有真相。康德回复道：他是很忠于他的原则的，他说对门口的杀手说谎也是错误的。错误的原因是，一旦你开始考虑事情的后果从而增加了绝对命令的例外情况，那么你就已经放弃了整个道德标准，你已经成为了一个结果论者，或者是一个规则效益主义者。

这就给我们带来了一个问题：痛快的谎言和误导的真相，这两者间有道德上的区别么？从康德的观点看来，即使两者带来的结果是一样的，一个谎言和一个误导的真相的差别也有“一个世界”那么大。康德并不是把道德建立在结果之上的，他认为道德就是对道德法则的遵守。在我们的日常生活中，有时候我们会以通则中例外的方式来对待善意的谎言，比如说，“避免伤害别人的感情”，它是一种我们用它带来的结果来让它成为合理解释的谎言。康德不能容忍善意的谎言，但也许他能接受一个误导的真话。

罗尔斯的《正义论》

当代哲学家中对正义理论研究最深刻的，是曾在哈佛任教的约翰·罗尔斯（John B. Rawls），他最重要的著作就是开宗明义的《正义论》（*A Theory of Justice*）。

罗尔斯把正义理论分为两大类：功利主义的正义观和直觉主义的正义观。功利主义的基本观点是谋取最大多数人的最大幸福，直觉主义则不从个人或群体的得失思考问题，而是通过对自身的反思来达到一些至高无上的基本原则。罗尔斯对这两者均不赞同。但他尤其反对功利主义。他认为在现代道德哲学的许多理论中，某种形式的功利主义始终占据上风。道德哲学是社会理想生活模式的基础之一，不改变一个社会占主导地位的道德哲学，是不可能改变这个社会的各种体制的。从这点出发，罗尔斯便把功利主义的正义观当作了批判对象。

罗尔斯确信功利主义的正义观存在几个弊端。首先，它没有揭示自由和权利的要求与社会福利的增长欲望之间的原则区别，它没有肯定正义的优先原则，正义否认使一些人享受较大利益而剥夺另一些人的自由是正当的，政治交易和社会利益不能成为妨碍基本权利的理由。其次，它假定一个人类社团的调节原则只是个人选择原则的扩大是不足取的，这里没有把人们将一致赞同的原则视为正义的基础，其原则内容无法成为调节全体人的宏观标准。第三，它是一种目的论的理论，用最大量地增加善来解释正当的理论，而真正的正义原则是事先设定的，不能从结果来看正义与否。最后，它认为任何欲望的满足本身都具有价值，而没有区别这些欲望的性质，不问这些满足的来源和性质以及它们对幸福会产生什么影响，如怎样看待人们在相互歧视或者损害别人的自由以提高自己的尊严中得到快乐的行为。这里直接表现为对功利主义的批评，也间接地批评了社会存在的各种不公正现象，如分配不平等、欲望至上、种族歧视和贫困问题等。

罗尔斯的正义理论，一言以蔽之，可称作“正义即公平”。要得出这个理论的各项原则，必须做一个理性上或逻辑上的假设，罗尔斯把这个假设环境称作“原始状态”（original position）。原始状态的设计意图是排除各种历史的和现实的因素，给出一个纯粹逻辑思维的状态，使人们产生正义原则。在原始状态中，所有各方都是道德的主体，都受到平等的待遇，他们选择的结果不决定于随意性的偶然事故，也不决定于社会力量的相对平衡。

无知之幕（veil of ignorance）是罗尔斯提出的最重要也是最大胆的理论。他认为，在人们商量给予一个社会或一个组织里的不同角色的成员的正当对待时，最理想的方式是把大家聚集到一个幕布下，约定好每一个人都不知道自己将会在走出这个幕布后将在社会或组织里处于什么样的角色，然后大家讨论针对某一个角色大家应该如何对待他，无论是总统还是清洁工。这样的好处是大家不会因为自己的既得利益而给出不公正的意见。因为每个人都不知道自己将来的位置，因此这一过程下的决策一般能保证将来最弱势的角色能得到最好的保护。

一个站在无知之幕后面的人，既可能是比尔·盖茨，也可能是一个非洲难民。如果他觉得正义就是杀光富人瓜分他的财产，万一“无知之幕”一拉开，发现自己就是比尔·盖茨，恐怕会后悔得一头撞死。无知之幕意味着可以保证参加者做出的选择不被他们的偏好所歪曲，可以使他们公正客观地确定原则。无知之幕背后的人是否有足够的知识选择正义的观念，这一问题还不清楚。如果他们对自己和他们的社会了解得更多，那要求他们在正义观念上取得一致就有风险。个人会因为他们的历史、甚至因为对他们的历史的无知而产生偏见，这也是可能的。

根据原始状态及各项条件，罗尔斯推论出正义原则的一般表述：所有社会价值——自由与机会、收入与财富以及自尊的基础——都应平等地分配，除非任何价值的不平等分配对每一个人都是有利的。这个一般的正义观又可分解为两个层次，这就是罗尔斯最著名的两个正义原则：

(1) 每个人都应有平等的权利去享有与人人享有的类似的自由权体系相一致的最广泛的、平等的基本自由权总体系。

(2) 社会和经济不平等的安排应能使它们符合地位最不利的人的最大利益，符合正义的储蓄原则，以及在公平的机会均等的条件下与向所有人开放的官职和职务联系起来。

确定了正义的两个原则之后，罗尔斯便将它们贯彻于社会基本结构。罗尔斯将社会解释为一种互利的合作事业，其基本结构是一种公共的规则体系，它规定了一种活动设计，这种设计使人们共同行动，以产生更大数量的利益。并按照收益中应得的份额把某些公认的权利分配给每一个人。如何使正义原则演化为具体的制度，罗尔斯提出了“四个阶段的顺序”，第一阶段人们接受两个正义原则的选择；第二阶段召开制宪会议，确定政治结构的正义并选择一部宪法，设定制度，这个阶段主要是确定平等的公民权和各种自由权；第三阶段为立法阶段，在这个阶段正义的第二个原则发挥主要作用；第四阶段是具体运用规范的阶段，法官和行政官员把制定的规范用于具体的事务，公民则普遍遵循规范。在这个部分，罗尔斯还深入讨论了自由权概念、良心平等自由、宽容与共同利益、政治正义和宪法、参与原则、法治、自由权优先性的规定等课题，较为明晰地展现了他设想的理想的政治体制和社会制度。

罗尔斯为正义确定的两个原则带有颇多的理想主义色彩，具有较多的道德主义因素。一种正义观的产生需要有客观物质条件，它不可能凭空产生，没有成熟的社会条件，正义观的改变就无从说起。在西方制度下，两个正义原则没有这样的基础。罗尔斯看到了这一点，他把正义的基础放在个人的道德价值、自律、自我的统一与一致性等上面，而没有找到客观的基础。罗尔斯表示，他要用以个人主义为理论基础的正义观来解释社会价值，说明体制、社团和交往活动中的内在的善。对正义原则的选择使人们产生了正义感和道德感情，而正义感和道德感情又是正义原则得以持续的条件。这成为一种互为因果的道德论证。罗尔斯还十分强调获得人的“道德人格的能力”。这似乎是将正义原则的实现寄托于人的道德升华。但是人的道德和正义感受到社会条件的制约，没有社会条件的革故鼎新，道德革新就无从谈起。有时历史运动表现为道德与历史的交互作用，但纯粹依赖道德恐怕是不完整的理论。

罗尔斯理论的这种缺点还表现在他对用观念变革现实的信仰上。纵观罗尔斯的学说，他认为一种完美的正义观可以改革社会体制，几乎没有提及人们的物质生活方式和生产方式的决定作用。历史唯物主义强调物质条件或社会存在对社会意识的制约作用，忽略了这一点，要改变社会是不现实的。当然。观念不是没有用处，但要与物质生活的发展相结合。也许罗尔斯看到了变革这些条件的难度，所以才寄望于人的内心道德的升华。他表示："心灵的纯洁（如果能够达到的话）将会使一个人明察秋毫，并……通情达理地、自我克制地去行动。"人们能获得纯洁的心灵吗？这个简单的问题揭示了罗尔斯本人也抱有的疑惑。

扩展阅读

Jeremy Bentham

An Introduction to the Principles of Morals and Legislation

John B. Rawls

A Theory of Justice

Robert Nozick

Anarchy, State, and Utopia

Harry Brighouse

Justice

何怀宏

契约伦理与社会正义：罗尔斯正义论中的历史与理性

课程 03 压力

课程名称 压力与疾病：健康与疾病的生物行为特征｜***Stress and Disease*：*Biobehavioral Aspects of Health and Disease***

主　　讲 **Donald B. Giddon**｜哈佛大学发育生物学教授，行为科学与健康服务课题组主任

课程简介

从健康和疾病的生理基础角度，揭示与心理压力有关的疾病与物质环境和社会环境的相互作用及其发展和改善。回答如下问题：心理压力影响个体的因素有哪些？怎样从行为病理生理学的角度看待疾病？为什么心理压力会影响特定的身体器官系统？什么样的心理、社会及经济条件会影响人的情感、认知和行为，并成为致病因素？

心理压力从何而来

现代生活给我们提供了丰富而便利的物质生活，满足了我们不断增长的各种需要，但是，现代化的生活也变得越来越复杂，让人们感到深陷其中而不能自拔。随着科学技术的飞速发展，信息量的快速增加，时间观念、工作效率和生活内容也在发生变化。这些都容易使人产生紧迫感和焦虑感，引起一系列心理应激反应，也就是人们常说的心理压力。

压力（stress）这个概念最早是由蒙特利尔大学内分泌学教授汉斯·赛雷（Hans Selye）提出来的，所以他被尊称为“压力之父”。

赛雷把压力描述为当个体无能力应对外在需要时的非特定生理反应，这种反应分为三个阶段。首先，当压力出现时，个体就会心跳加速，体温和血压降低，开始调动身体中储存的物质和能量来应付压力，称为“警觉阶段”；然后脑垂体和肾上腺皮质分泌大量激素，增加对压力来源的抗拒力，用实际行动尝试解决问题，这是“抗拒阶段”，先前的心跳加速等症状会逐渐消失；最后进入“衰竭阶段”，由于无法适应长期的压力，脑垂体和肾上腺皮质无法继续分泌激素，可能导致身体的伤害，甚至死亡。

拉扎鲁斯（Lazarus）把压力定义为：“个人与环境中的人、事、物的一种特别关系，这种个人与环境中的人、事、物的关系，被评估是有心理负担的，或超越其资源所能负担的，以及危害其健康及个体综合利益。”他发现日常琐事的困扰有时比生活中主要的不幸事件对我们的情绪有着更大的影响，日常困扰和心理及生理健康有很强的关系，遭受频繁的强烈困扰的人健康水平最低。此外，霍尔姆斯和拉什（Holmes & Rahe）发现积极的生活事件（如考上大学或者结婚）也可能产生压力——重要的因素是生活发生了变化。

将心理学家对压力的研究综合起来，我们将“生活中超越个人能力所能处理的，或扰乱个体平衡状态的事件所引起的心理反应”称为压力。

心理学家认为，情绪是个体对客观事物与主观需要关系的反映。对客观事物，个体总是先有一定的认识，伴之而来才产生情绪体验，认识在情绪中起主导作用。心理学上有一种“认识—评估”理论，即个体对事物有了认识，就会利用头脑中的旧经验来解释新输入的信息，进行评估，于是产生情绪体验。可见，个体对事物究竟体验为积极的情绪还是消极的情绪，在于怎样认识事物。所以，心理压力的产生也来源于客观与主观两个方面，对于客观事物的消极的情绪体验，是心理压力的根本来源。

从表面上看，经济压力，也就是一般意义上的生存压力，是心理压力最古老也是最持久的来源。在现代社会，因为生活的贫困造成心理压力过大而诱发心理疾病的人群主要是失业者。很多失业者的职业观念还不完善，社会保障制度也有缺陷，找不到合适的工作，生活又逐渐贫困下去，双重的压力极有可能导致心理疾病。

摆脱经济压力困扰的人并不意味着压力的降低，实际上，收入远远高于一般水平的人会感受到更大的压力，这种压力来自于他们的职业。职业压力是现代社会最普遍，也是最严重的压力源，很容易引发心理障碍和精神病变。

低职位的员工感到的压力比较大，升职进入中层，压力还会有所增加，到了高层压力反而下降。这是因为对自己以及周围的控制感强弱是影响压力的重要因素，级别越高越能够支配自己的环境，能控制自己的工作量和工作时间，这和基层的员工是完全不同的感觉。中层干部容易体验到更多的压力，是因为他们扮演着一个缓冲的角色。他们经常被要求去协调、处理问题或者对突发事件提前准备，不知道自己应当干什么，在心理学中称为“角色模糊”，这是导致中层产生压力的重要原因。

人际关系也是一个重要的压力源。人际间的压力包括价值冲突、权力地位的冲突、利益资源冲突和情感冲突。这些压力从对立、冲突、指示、命令中产生，剥夺了人们个人思想和行动的自由，因此造成痛苦。当人际关系恶化时，要修复它是非常困难的。破坏性的关系就像癌症。当外科医生在我们身体的某一部位切除恶性肿瘤时，它可能继续从其他部位生长出来。同样道理，一旦关系开始恶化，要阻止它是非常困难的。

人们的生活并不是一成不变的，往往要遇到一些无法控制的事情，例如遇到事故或者亲人去世。这些事件在两个方面给人们带来压力，一方面是事件发生时身体的应激反应；另一方面是事件还未发生，但是有可能发生时，会使人产生不确定的紧张感，例如在繁忙的高速公路上驾驶的时候，人们都会因为害怕发生交通事故而产生额外的紧张。

在突变事件结束后，人们仍就可能面临心理压力的威胁。心理学家发现，在造成身体伤害或受到威胁的灾难事件，或者痛苦的经验后，人们会产生焦虑障碍，即创伤后应激障碍（简称 PTSD，是一种被超出普通人心理可以承受的范围的事件所激发的心理障碍）。受害者在梦中不自觉地重新经历过去的创伤性事件，这包括伴随着最初的害怕、震惊和恐惧情绪的事件闪回，特别是当他们经历了创伤的残余后。他们也会变得对日常世界情感麻木，在白天工作时难以集中精力而夜间则难以入睡。他们也可能对人失去兴趣，感到和他人的疏离。这些症状可能在创伤性事件发生后马上产生，也可能发生在其后 3～6 个月内。

不同的社会文化会产生不同的价值观与行为方式，从而形成不同的压力来源。总体说来，功利性价值观是最容易导致压力的。德国精神治疗专家麦克·蒂兹（Michael Dizzy）说：“我们似乎创造了这样一个社会，人人都拼命地表现，期望获得成功，达不到这些标准心里便不痛快，便产生耻辱感。”

功利性价值观在消费性大城市和经济发展处于起飞期的地区最为突出，每个人都在追求更多的薪水、更大的房子和更好的汽车，但是即使得到了这些，随之而来的也不是生活质量的提高，而是更大的压力。相比较之下，已经完成现代化的国家和富裕的乡村，由于基本的生存压力已经得到缓解，所以能够建立起一种贴近人性的社会文化，人与人之间也不以物质条件进行攀比，压力就会得到有效的缓解。

对于学生来说，学业压力始终是第一位的。深入研究表明，学生感到的学业压力往往不是学习本身的压力，而是家长、老师的态度所带来的压力。他们所看重的并不是学习本身，而是学习成绩，以及学习成绩的差异所带来的能否考上大学（最好是重点大学），或者能否找到工作（最好是收入高的工作）的结果。所以说，学生的课业压力仍旧是功利性价值观的体现，尤其是当两代人的价值观存在差异的时候，这种外界的压力会给处于心理突变期的青少年带来更大的困惑。

文化迁移也是产生压力的重要来源。文化迁移所产生的压力体现在心理不适应和人际关系障碍两方面。比如说出国留学或者从乡村迁居城市，都会因为生活的不适应，同时没有建立起良好的人际支持系统而感到压力。

无法回避的是，男性依然在担当社会主导者的角色，处于25岁～45岁的中青年男性更是整个社会所依靠的中坚力量。多种社会角色的扮演，来自家庭、事业、社会的多重压力，正在使中年男性的身体遭到严重的透支。男性企图自杀的比率只有女性的一半，但自杀身亡者是女性的3倍；男性医疗就诊率较女性低28%，平均寿命较女性短6年～8年。这与传统观念这中要求男性必须“有泪不轻弹”的刻板认识有关。

人格是导致压力的一个重要内因。心理学家认为，人格是知觉的过滤器，影响到知觉的选择过程。人格的核心因素是性格。心理学家弗里德曼（M. Friedman）和罗森曼（R. Roseman）将性格划分 A 型和 B 型。A 型性格的人不安于现状，具有很强的成就欲望，好胜心强，喜欢赶时间，没有耐心，事必躬亲，容易患冠心病等心血管疾病。B 型性格的人则认为时间是生命赋予的，应该将时间运用到体验生活及欣赏大自然或艺术品中，他们时间观念不强、活动量较少、频率较慢。一般说来，A 型性格者的敏感性与反应性极强，更容易受到心理压力的困扰。

心理压力的危害

根据报道，在所有门诊中，超过 60%的就诊涉及与压力有关的疾病，加上未就诊的患者，与压力有关的疾病可能超过 90%。

在美国，每年因心理压力导致紧张而患病者达 39 万之众。在排名位居前六的死亡原因（冠心病、癌症、肺病、肝硬化、意外伤害和自杀）中，过大的压力都在其中产生了消极的影响。据不同机构的估计，美国全国每年因为压力过大而支出的医疗费高达上亿美元，直接和间接经济损失总计在 500 亿～30000 亿美元之间。

承受压力往往是一种非常痛苦、不舒服的心理过程。过大压力会引起烦恼、焦虑、郁闷、愤怒、悲伤、自卑、嫉妒、冷漠、暴躁等不良心理。在压力作用下，人会产生应激性或者持续性的情感障碍。如果这种情绪不能得到及时发泄，就会引发心理疾病。压抑自己的情感会导致胸闷、食欲不振、失眠等生理症状，以及自我否定、焦虑等心理症状。医学研究表明，许多疾病，包括消化系统疾病、皮肤过敏、失眠等都与情感压抑有关。情感压抑还是癌症等突发性疾病的重要诱发因素，而压抑的情绪一旦在不受控制的情况下爆发，则容易引起心脏病。

压力引发的最主要的消极心理是焦虑和消沉。焦虑会伴有沮丧、失眠、头痛、颤抖、恶心和大汗淋漓等现象。消沉可能表现为被动、兴趣缺失、能力降低、缺乏动力、精神难以集中。这些是由于对挫折所引致的焦虑做出的保护性反应，当反应过度时，便产生这些生理上的病症。长期的压力还会使人产生倦怠感，表现为精力上的耗竭、玩世不恭的生活态度和缺乏个人成就感。

压力会影响人的反应和判断能力，阻碍了与其他人的有效沟通，引起情感困扰、人际关系不良等问题。由于压力产生的心理疾病包括焦虑症、强迫症、恐惧症、抑郁症，严重的可能引起精神分裂症或其他情感性精神障碍。

人在压力之下，生理上会出现心跳加速、肾上腺素增加、需氧量增加、血管收缩、血流量增加、淋巴细胞减少、胃酸分泌加速、胃蠕动停止等状况。长时间的生理异常，将会不可避免地引起身体疾病。

人在大脑高级神经中枢控制调节下，通过下丘脑、植物性神经及其所支配的相应器官和内分泌系统对压力进行综合性、防御性的机体反应。人体对压力的调节作用是有限的。如果失衡的机体内环境长期得不到恢复，或持续受到应激性刺激，则可能转为病理改变。

肌肉紧张是一种正常的压力反应。在面对压力时，身体最初的防御策略就是为“战斗或者逃跑”反应做准备。然而，当这种反应过度的时候，就会产生普遍性的肌肉疼痛。

心理压力很大的人，常需不断进食，以消除心理的紧张，这就造成胃肠负担过重，消化系统血管收缩，胃酸、糖皮质激素和酶分泌过量，导致胃及十二指肠溃疡。

压力对心血管系统会产生明显的不利影响。压力使类似肾上腺素的物质分泌并引起体内的化学变化，使心跳加速，血压显著上升。血液中的游离脂肪酸含量增加，可通过肝脏转化为甘油三酯，沉积在动脉壁上，形成动脉粥样硬化斑；另外，由于交感神经兴奋性增强，使血糖也升高，会加速动脉硬化和诱发心血管疾病。高血压会引起脑中风，脑部微血管破裂，或造成心脏无法负荷而休克。研究显示，有 75%的冠心病是由压力过大引起的。长期或习惯性地处于压力之下还会增加心律不齐、心绞痛、心肌梗死等心血管疾病的发病率。过大的压力会促使血液集中回流到身体中心，微血管得不到充分的血液及养分，形成脱发等病变。

过大的心理压力还会对人体的内分泌产生消极的影响。压力过高时，体内去甲肾上腺素分泌就会增加，造成生理器官的退化或早死。同时，压力会抑制大脑中宾多芬（β—endorphin）的分泌。而宾多芬是一种重要的延缓衰老的激素。

在长期的压力作用下，人体免疫系统会加速疲劳，导致防卫能力下降，可能会增加癌症的发生机会。有关压力和癌症关系的研究还指出，压力影响恶性肿瘤的播散速度和潜在治疗。肿瘤的增长速度和个性特征以及对生活的态度有关。能够有效宣泄压力的癌症患者的平均生存时限为 6 年，而不能有效缓解心理压力的癌症病人一般在两年内去世。

由于长时间、高强度的工作，很多人罹患心脑血管疾病，从而引发猝死，这种现象称为“过劳死”。过劳死引起社会关注最初是在 20 世纪 60 年代的日本，据统计，每年有 1 万名以上的日本人死于工作过劳。被怀疑为过劳死的人大约有 60%处在 40 岁～50 岁年龄段，有 20%的人在 20 岁～30 岁之间。

心理学研究发现，自杀很大程度上是由于心理压力过大而造成的。精神分析学派认为，自杀是一种主要来自个体无意识层面的原发性内部冲突，是“希死本能”的体现。希死本能处于支配地位时，对以前是爱恋着的、现在痛恨着的客体的强烈的、攻击性意向的内向投射，使个体感到对自己充满愤怒和敌意，其结果就产生抑郁，继而自杀。人本主义心理学认为，良好的生活应该是有意义的，个体能够发挥出自己的潜能，所以有人会认为生活变得没有意义而自杀，所以承受失业、落榜压力的人都有较高的自杀风险。

人际关系压力也是导致自杀的主要因素，比如因家庭矛盾、父母包办婚姻或者父母对孩子管教过严，都会引起自杀式的抗争。婚恋中的感情纠葛则容易导致冲动性自杀。人际关系不协调，存在较深矛盾，在日常工作和学习中遭受人身攻击或生活失意，也很容易招致自杀。

此外，躯体疾病的患者可能由于难以忍受的疼痛，因为没有治愈希望而产生的绝望情绪，进而自杀。研究发现70%的自杀者患有各种慢性疾病，41%的自杀者以躯体疾病为直接起因。这也是压力引起自杀行为的表现。

如何缓解心理压力

压力有两种：一种是对生活中的压力源的整体性的自我感知，称为慢性压力（chronic stress）；另一种是对迫近的危险的瞬间反应，称为急性压力（acute stress）。急性压力在产生压力的事件过后就会缓解，所以大部分医学专家认为慢性压力是最有害的。

慢性压力永远都不会自己消失，如果置之不理，它就会像滚雪球般越滚越大。当个体面临环境中超出承受范围的压力，必须寻找解决方法重新建立生理与心理的平衡，这就是压力应对（stress coping）。

人格导向学派认为人格特质决定个体应对行为的形态，有的人需要排解其非理性的认知观念，有的人需要增强其正确行为，削弱其不当的行为，有的人需要心理的支持以进行观念的重组。认知评估是一切应对压力的基础。对个人和社会的资源、个体的应对能力、问题解决难度了解、评估之后，才对压力做出反应。认知评估取向的应对类型主要可以划分为三种：按照因果关系分析问题的原因及处理的方式，然后采取行动；衡量认知是否存在偏差，进行再定义；对压力引起的恐惧和焦虑加以忘记。

压力的应对行为分为功能性应对和非功能性应对。前者是对问题采取行动去学习、求助，设法面对困难及压力，并加以解决；后者是面对压力有反向的行为，如攻击无辜、责骂他人、孤立自己或吃东西消除紧张。应对行为如果选择非功能性的行为，如逃避，可能使自己更容易陷入不敢正视问题、孤独和疲惫的状态，可能引发更多的压力。认知能力较高者，对压力的知觉较高，也较能形成结构式的知觉，因此会倾向"处理问题"的应对策略。反之，认知能力较差者，不易掌握压力刺激的关系，故倾向选择"逃避问题"的策略。

压力理论表明，压力的感觉在很大程度上取决于个体的认识，同一件事情，对有的人可能是压力和负担，但是对另外的人可能是挑战和机遇。因此我们应改变对事件的看法，重新评估整个的事件，寻找新的含义和积极的后果。心理医生一般会采用认知疗法帮助人们以合理的信念代替不合理的信念，最大限度减少不合理的信念给他们的情绪带来的不良影响，以改变认知为主的治疗方式来帮助人们减少或消除心理压力。

在面对心理压力的时候，可以尝试着在以下几个方向上调节认知：

（1）建立多元理性。例如因客观条件而自卑的人，就要转向理性认知思考，确立"每一个人都有自己的专长，只要是认真、诚恳必受人欢迎"的信念，心理压力就会逐渐消失。

(2) 内心对话。自己认为必须、应该达成的任务经常会带来失眠及焦虑，要告诉自己：我的能力有限，这些任务只能尽力而为了。“自杀”是最不负责任的想法，告诉自己：留得青山在，不怕没柴烧。

(3) 中断非理性思考。有的人常常追求“生活的完美无缺”，倍感心理压力。应采用“思考中断法”、“思考转向法”去处理脑海中的担忧，例如用优美的音乐切断过多的思虑。

(4) 迂回理性沟通。“我们屡次被他们欺负，我们应该找人要回公道”，情绪爆发时产生的仇恨、破坏力是难以估计的。何不认真的思考：我们为什么受到嫉妒，受到欺负？是否可以回避冲突？请他们信任的人，或师长讲这个道理，彼此言和。

(5) 合理期盼。父母或家庭一些不切实际的期望，常给青年人带来心理的压力，子女应坦诚向父母报告“自己实力没那么好”，以使父母建立“合理的期望”，才不会增加彼此的困扰。

在较小的压力面前选择接受，而不是通过会带来更大压力的行为来缓解较小的压力，是一种明智的举动。

心理学家曾经做了一个“压力杀死猴子”的实验。在这个实验中，一只猴子每20秒受到轻微但是不舒服的电击。如果要避免电击，它必须按红色的按钮让时钟复位，此时20秒会重新开始计时。如果它在正确的时间按下按钮，就可以避免所有的电击。这个实验一天持续6小时，6个星期之后，这只猴子死于穿孔性胃溃疡。在第二组实验中，研究人员设立了对照，这只猴子同样面临电击困境，不同的是它的按钮不能取消电击。于是在数次的疲于奔命之后，它选择安静下来，接受电击。结果它活下来了，而继续按电钮的猴子同样死于穿孔性胃溃疡。

当你的目标定得过高时，工作是自然会产生额外的压力，结果可能是“欲速则不达”。在制订目标的时候不妨看低一些，先打算做到60分。

虽然追求完美是每个人的期盼，但最重要的还是要量力而为，否则会因某些无形的压力过分压榨自己。

倾诉是释放不良情绪的有效的方式之一，也是摆脱恶劣心境的必要手段。一般而言，女性非常擅长情感宣泄，但是男性则对倾诉、哭泣这些“娘娘腔”的做法不屑一顾。这是造成男性压力激增的最重要的原因。所以男性要向女性学习通过宣泄情绪来减压的方法。女性也要学习男性特有的心理模式。研究发现，男人面临压力时，仅仅把它看成是亟待解决的问题，很少投入个人情感，因而，只要他们能给压力找出合理的解释，自然而然就放下了思想包袱。这样不仅减轻了压力，而且能够提高心理的抗压能力。

缓解心理压力是人的本能反应，但是面对心理上的压力，有的人不能够采取正确的方式加以应对。有的人借助药物、酒精和烟草，使个体对压力的感觉钝化，获得短暂的解脱。但是，酒精和烟草会对人的生理机能带来危害，而滥用镇定、麻醉、致幻类药物，或者不在心理医生指导下使用抗焦虑、抗抑郁类药物，是比酗酒、吸烟更危险的行为。一旦药物成瘾，不仅会对身体和神经系统造成很大伤害，而且很难根治。

心理学家通过行为研究发现，赌博和情绪化消费在一定程度上也可以达到舒解压力的目的，但是引起压力的根源没有得到解决，反而会因为消耗大量金钱，增加实际的经济压力，并且在情绪性的赌博或购物后，由于理智恢复而产生失落感，心理压力进一步增加，形成恶性循环。

为了缓解现实中人际关系压力的上升，有些人开始沉迷于虚拟的网络世界。在经常上网的人群中，有6%左右逐渐形成了一种对网络的心理依赖。网络成瘾者把虚拟世界的交流当作应对现实生活矛盾的主要方式，这体现了个体在应对压力时的不成熟。事实上，越是依赖于虚拟世界，就越难以获得现实成功的体验。网络成瘾者依靠自己的力量常常难以自救，需要寻求家庭及社会的支持。

社会支持（social support）的概念于20世纪50年代获得社会学者的关注。社会支持即“个人在社会体系中，觉得受到关心、尊重与协助，这些来自社会他人的资源可帮助减少压力或解决问题，或增加个人的应对能力”。欧纽斯基（Paula Olszewski－Kubilius）认为，压力的产生是由于缺乏社会的支持，所以适当的社会支持和价值观支持在一定程度上可以缓解压力的伤害。

社会支持的主要内容形式很多样，主要有实质支持（如赠与金钱，帮助处理困扰）、认知支持（提供正确的信息和经验）和情绪支持（关心、肯定、同情、鼓励，包含表达性支持、自尊支持和归属支持）。此外还有“陪伴支持”的概念，即提供社会性的友谊往来机会，如休闲运动、旅行、聚会，使人产生归属感，在人际的互动过程中，从共同兴趣中培养认同感与信任感。

研究发现，有了社会支持的人在处理压力时富于弹性。当产生压力的事件发生之后，社会支持可以让个体倾向将该事件知觉为压力事件，然后协助个体通过对该事件进行再评估、抑制不适应反应，增进适应反应的方式，来减低个体不良情绪及疾病的发生。社会支持使个体有被关怀感和归属感，相信自己被人尊重，是有价值的人，从而免于产生心理疾病。

一个支持你的人际网络，包括家人、朋友和同事，能够缓解你精力不济的紧张心理。在这些人面前，你不需要伪装，可以敞开心扉，彻底放松自己，将自己的想法与他们探讨并得到认真的回复。这些人不会因为你的地位发生改变而改变对你的态度。他们是你压力释放的最好管道，是你心灵的避风港。

总之，如果应对方式恰当，则可减轻或免除压力困扰。反之，如果应对方式不适当，不但不能克服压力，反而可能形成新的压力源。

重视压力不足的危害

心理压力不能等同于忧虑，它是复杂现象，在某些情况下甚至会产生有益的影响，汉斯·赛雷称之为良性应激（eustress）或有益的压力（good stress）。而有害的是高度应激（hyper stress）或过量的压力（excessive stress）。此外，缺乏刺激也会造成心理压力，比如从事单调枯燥的工作，这种压力称为弱应激（hypo stress）。因此，一个显而易见的事实是：过度的压力会给人带来危害，压力不足（insufficient stress）也会给人的健康带来不利影响。

在人类发展史中，压力始终与生存需要联系在一起，诸如寻找食物、安全和配偶等。对于个体来说，压力可以成为精神上的兴奋剂，能够增强大脑的兴奋过程，提高大脑的生理的机能，使人思维敏捷，反应迅速，积极地调动身心的潜能去改变环境，创新发明，迎接各种挑战，从而达到自我实现，促进社会进步的目的。

当人们被某种压力感唤起的时候，往往会加快动作，从而提高效率。大多数人在感到压力的时候都会手脚麻利许多。在合适的压力水平下，人们会感到舒适并很好地完成任务，这种状态被称为“巅峰状态”。

在压力不足的情况下，人的精神状态会变得枯竭、乏味和疏离。注意力水平下降，变得容易分心、失去主动性以及投入战斗的能力。单调、原始、简单的生活容易让人产生厌倦的感觉，效率会降低。

对于一些平时在高度紧张状况下工作的人群而言，他们一旦停下来无事可做，反而容易出现抑郁、失落、焦躁不安等不良情绪反应。

心理学上将其称为“周末综合症”或“节日心理失调症”。在高度紧张的工作状态下，大脑中枢会相应建立起一套高度紧张的思维和运作模式，使人们能够适应快节奏的工作生活。如果从高度紧张状态中停下来，原来适应紧张节奏的心理模式便会突然失去对象物，加上生理和心理的惯性作用，会使人们面对宽松的环境——比如周末——反而感到不适应。

比如B小姐，就是典型的“周末综合症”患者。她来自乡村，大学毕业后一个人留在城市，担任广告公司的企划主管。忙碌的生活节奏，使她成了一个工作狂。周一至周四是她精力充沛的高峰期，而从周五开始，她的情绪就开始莫名其妙地低落，做什么事都提不起精神，她总是不由自主地看表，希望时间过得慢点儿。周末让她觉得无所适从，疯狂购物成了她心理发泄的唯一途径，可是回到家里，购物带来的愉悦又变成了失落。她整夜上网，喝很浓的咖啡，抽烟、哭泣、焦虑及失眠。要不然就整天睡懒觉，认为延长睡眠可以缩短她孤独的时光。久而久之，她的情绪开始出现一个规律，即到周末达到最低点，然后从周一开始慢慢回升，到周三时达到最高点，平稳一天，到了周末再猛降下来。周末的不适，使她情绪易怒，焦躁不安，产生厌倦感和淡漠感。

亨利·默里（Henry A. Murray）认为，动机是需要（人的特征）和压力（环境特征）共同作用的结果。需要是倾向性的因素，压力是促进性的因素。默里把需要和有机体内的紧张状态联系在一起，把需要的满足与紧张的降低联系在一起。他认为需要是决定人的行为的内因，压力则是环境决定人的行为的因素。

一般来说，当人的需要被唤起时，个体便处于紧张状态，需要满足之后，这种紧张状态就会减弱，最后有机体学会通过一定的活动来减弱紧张。也就是说，降低压力的过程能够使人的心理达到满足的状态。人们不仅学会了以一定的方式去减弱压力，同时也学会以一定的方式形成压力，以便通过一定的行动去缓解这种压力。例如人为地创设比赛，创造压力，再通过比赛来减弱紧张，从而得到心理满足。

人的心理是有弹性的。就像弹簧一样，你越是挤压它，它的弹力就越大。同样，在心理压力下，生存需求和社会动机会将人的潜力激发出来。在个体心理可以接受的范围内，压力越大，激发潜力的可能性就越大。相反，缺乏压力只会使人“生锈”。

扩展阅读

Hans Selye

The Stress of Life

Walt Schafer

Stress Management for Wellness

Richard Blonna

Coping with Stress in a Changing World

吴汉荣

压力与应对

张春华 陈佩杰

压力管理：理论与实务

课程 04 友谊与爱情

课程名称 只是朋友：我不像那样爱着你 | ***Just Friends：I Don't Love You Like That***

主　　讲 Bonnie M. Talbert | 哈佛大学社会学讲师，助理新生辅导员

课程简介

告诉某个人你仅仅想和他/她成为朋友，那会被视作你把对方放在次要角色的地位，而不能引发你最高层次的情感——换句话说，浪漫的爱情。但是友谊并不总是被视为次要的亲密关系，这引发了关于友谊性质的一些重要的问题。本课程将探讨这些问题和其他相关课题。

什么是爱情

歌德（Johann W. Von Goethe）说："哪个少年不善钟情，哪个少女不善怀春。"一句话道出了少男少女们的内心秘密。爱情是什么？爱情与好感有哪些区别？恋人与朋友有哪些区别？这些都是在我们数千年的文化和哲学领域中不断讨论的重要问题。但是在更重视事实论证的社会心理学中，研究这些问题的时间似乎并不是很久。从 20 世纪 70 年代完成一定意义上的统计方法后开始算起，到现在也只有短短 40 年左右的时间。但是，在这短暂的研究时间里，社会心理学却在关于恋爱的实证研究领域取得了令人刮目相看的成果，比较有代表性的就是罗伯特·斯腾伯格（Robert J. Sternberg）的爱情三角形理论（triangular theory of love）。

根据斯腾伯格提出的理论，所谓爱情，是由亲密、热情和承诺三要素组成，并且根据这组合时的不同比例，呈现出多种多样的形态。

所谓亲密（intimacy），是指一种被连接得很紧密，甚至可以达到相互融合的感觉。在亲密的关系中，双方应该在一起时感觉很舒服，彼此相互依靠，相互理解；一方尊重另一方的意见和态度，并且对此都能给予积极肯定的支持；在情感上，彼此心灵的距离很近，共处的时光舒服而愉快；希望彼此幸福，并愿意将自己所持的物产和财富与对方共享。正是因为这样的亲密感，人们才能在恋爱中感受到温馨和舒服。

此外，亲密感的形成需要一定的时间。虽然有的人第一次见面时就会有似曾相识的感觉，但是这种情况并不多见，从大多数情况来看，亲密感的培养还是需要一定时间的。而且，亲密感一旦形成，就不容易消失。因此，斯腾伯格认为，当你与一个人刚刚开始交往的时候，因为亲密感正处于形成阶段，所以可以明显地感觉到亲密程度逐渐加深的过程；但是到达一定程度后，就很难明显察觉出亲密感的存在了，正所谓“习惯成为自然”。

热情（passion）是一种“强烈地渴望跟对方结合的状态”。当某一瞬间，你突然从对方身上感受到如惊心动魄般强烈的感觉时，这是受到了一种性方面魅力的刺激，你的热情也随之应运而生。但是热情无法长时间地保持在同一炽热状态，通常会随着时间的流逝而逐渐冷却，或者最后发展成为其他形态。热情是激发所有行动的最直接因素，甚至也可以说，热情才是浪漫爱情或者性行为的直接导火索。

热情的形成过程和消失过程都比亲密感来得迅速，我们经常可以看到这样的情侣，两人一见钟情后便立刻陷入干柴烈火般的热恋之中，可是过不了多久，当人们还以为他们依旧如胶似漆的时候，他们却已经悄然分手了。热情通常都是受到某种刺激后一触即发的，但是当这种所谓“刺激”的魅力消失后，热情也就随之消失了。

承诺（commitment）是社会心理学中使用频率比较高的词汇，经常用于表示关于某种决定或行为的程度。简单说来，恋爱关系中的承诺就是愿意为对方奉献的一种约定。短期来看，是表示“要爱上某个人”的决定，长期来看则表示“要继续保持这种爱”的约定或誓言。总之，承诺就意味着责任。

在恋爱关系中，男女双方要经过相当长的时间相处才会彼此做出为对方的将来负责的约定。但是，即使做出这种约定，也并不代表从做出约定的那一刻起就对恋爱双方产生了约束力。因为做出约定后，该约定能坚持多久还要根据两个人的态度而定，这里言及的“态度”是指两个人所表现出的为对方奉献的意愿程度。换而言之，最终这个约定是被中途摒弃，还是被执行到底，是由相互彼此奉献的意愿程度所决定的。

爱情三角形理论中，三个要素相互作用、相互影响，使爱情呈现出多种多样的形态。比如有三个要素均衡作用而形成的成熟型爱情也有亲密感高，而热情和承诺较低的朋友间的友爱，等等。斯腾伯格根据爱情三要素的不同组合方式，概括出八种爱的形态：

(1) 好感（liking）。只有亲密感程度高，而没有热情和承诺的关系形态。大多同性朋友之间的情感都属于这种关系，友情式的恋爱关系也可以归为这种关系。此外，虽然大部分的恋爱关系都是从互生好感开始，但是并不意味所有的恋爱关系都以这个关系为起点。

(2) 迷恋（infatuated love）。亲密感和承诺都比较弱，只有热情比例相对高的一种爱情形态。当事人因为偶然的机会而与对方一见钟情，并且迅速陷入自己单方面的热烈爱情中。这种关系中，既没有“我爱你”这样的语言表白，也没有具体的行为表白，甚至根本就不存在开始与否的问题，所以相互间的亲密感和奉献行为也就无从提起了。

(3) 空爱（empty love）。没有热情和亲密感，而只有承诺的爱情。这种爱情形态，即使有热情，也可能是过去时，目前处于已经降温后的状态，或者彼此之间仅剩下义务关系了。交往时间比较久的恋人之间，经常会出现这样的状态，作为两个人感情的最后阶段，彼此都成为对方的负担，仅仅就是为了维持而维持。想要冲破这种空虚的爱，要么重新梳理两人的关系，要么使之发展到一个新阶段——结婚。没有热情，仅仅因为双方条件般配而结婚的夫妇，也常常可以感觉到这种空虚的爱。正因为如此，许多仅仅因现实条件般配而结合的夫妇都无法使婚姻维持长久。还有，没有浪漫的爱情，只有责任和义务的婚姻，也属于这种情况。

(4) 浪漫爱（romantic love）。亲密感和热情特别强烈的爱情形态。虽然是强烈的爱情，但是由于双方没有互相承诺，没有关于未来的约定，因此这种关系能否持续下去，前景很不明朗。如果想将恋爱关系发展成为完整的爱情关系，那么就需要恋爱双方向彼此做出承诺。恋爱的过程，其实就是双方寻找或确认给出对方承诺的动机和理由的过程。

(5) 伴侣爱（companionate love）。有亲密关系和承诺，缺乏激情。一般结婚时间比较长的夫妻之间产生的一种亲密感和承诺都比较高的感情形态。

(6) 愚爱（fatuous love）。只有激情和承诺，没有亲密关系。由于亲密行为的发生超前于亲密感的形成进度，因此这种爱情维持起来相当吃力。此外，由于这种爱是在双方相互了解不充分、尚未产生亲密感的状态下超前形成的，所以交往时间越长，会变得越加冷淡。

(7) 非爱（nonlove）。爱情三要素中的所有要素均缺乏的一种状态。我们在平时日常生活中经常接触的表面性的、事务性的人际关系就属于这种关系形态。在包办婚姻（arranged marriage）的初期，婚姻双方也常常处于这种状态。

(8) 完整的爱（consummate love）。爱情三要素全部具备，并均衡发展的爱情形态，是一种完美的、理想的爱情。想要获得这样的爱情，男女之间必须拥有非常深刻的信任和理解，还要有善于照顾对方的细心。

我们称之为“爱情”的词语虽然只有一个，但是它却以多种多样的形态存在，并且可以相互转化。我们通过了解每种形态下爱的内容，也就懂得了它们之间相互转换的方法。爱情的最高形态为完整的爱，但是想要形成完整的爱相当有难度，所以完整的爱在小说和电影中经常出现，在现实中却很难觅其踪迹。正因为大家都明白这种爱情是可遇而不可求的，所以作为应对策略，人们将浪漫爱作为爱情在现实中的最高境界。

友谊和异性友谊

友谊（friendship）是一种不同于爱情的人际情感。如果套用爱情三角形理论来分析友谊，我们会发现友谊的主要标志是亲密度。卡尔·罗杰斯（Carl R. Rogers）对这种亲密性作了三点概括：

（1）能够向朋友表露自己的思想感情和内心秘密；

（2）对朋友充分信任，确信其“自我表白”将为朋友所尊重，不会被轻易外泄或用以反对自己；

（3）限于被特殊评价的友谊关系中，即限于少数的密友或知己之间。

朋友之间不需要太过热情。美国国父乔治·华盛顿（George Washington）曾说：“真正的友情，是一株成长缓慢的植物。”友谊也同样不需要承诺。俄国哲学家别林斯基（Vissarion G. Belinskiy）说：“真正的朋友不把友谊挂在嘴上。”也就是说，友谊比较近似于爱情八种形态中的“好感”。

大多数长久的伴侣关系都是从好感起步的，但是也有很多并没有发展成为更深一步的爱情或者是婚姻，而是停留在异性友谊（heterosexual friendship）的关系上。有不少人认为，异性之间不可能建立起像同性朋友之间那样的亲密无间的纯洁的友谊关系，这种看法是缺乏依据的偏见。

异性友谊是一种美好的境界，男性的阳刚气质和女性的阴柔感情，是某种心理现象的互补，促使双方之间有互相接触和了解的欲望，当这种欲望付诸行动时，往往会产生友谊，结为朋友，并可能发展为爱情。

许多人的爱情往往起始于男女的友谊，很多人分不清爱情和友谊的界限，是因为爱情与友谊有一些共同点。

爱情与友谊都是人际关系的表现。在这种人际关系中起主导作用的是感情：人的厌恶来源于彼此性格、气质、志趣、人品的冲突，它导致人与人关系的疏远；而喜爱来源于性格、气质、志趣、人品的吸引，它导致人与人关系的亲密，在彼此接近中，进一步了解了对方。若是这些特点彼此满意或基本满意，就觉得在一起有一种愉快感，进而产生情感交流的需要。异性友谊的存在和发展对个体有以下几个方面的帮助作用：

首先是智力互偿（intelligence complementary）。两性智力没有高低之分，但却有类型的不同。比如在思维方面，女性往往擅长于具体形象思维，因而更适合于应用科学和形象思维占主导地位的学科；男性往往擅长于抽象逻辑思维，其思维往往是离奇、大胆的，更多地喜欢用综合的方式对待现实，善于抽象和概括。通过交往，男女两性都可从对方那里取长补短，以提高自己的智力水平和学习效率。

其次是个性互补（personality complementary）。心理学研究表明，社会中的个人，交往范围越广泛，和周围生活的联系越多样，他的各方面社会关系就越深入，精神世界就越丰富，个性发展就越全面。尽管同性间的个性也存在着差异，但如果只和同性人交往，人的个性发展往往很狭隘，因为这种差异远不如异性间的个性差异明显和有意义。

最后是活动互激（heterosexual motivate）。有异性参加的活动，较之只有同性参加的活动，参加者一般会感到更愉快，干得也更起劲、更出色。这是因为，当有异性参加活动时，异性间心理接近的需要得到了满足，这会使人获得程度不同的愉悦感，从而激发起内在的积极性和创造性。

以活动互激现象为代表的异性效应（heterosexual effect）其实也说明了异性友谊中性吸引（sexual attraction）的存在，这是毋庸置疑的。威斯康星大学阿普里尔·布勒斯科—雷切克（April Bleske—Rechek）研究小组的一项报告显示，在异性友谊中，双方都多少存在一定程度的性吸引力，而且男性对其女性朋友表现出更强的性兴趣，同时男性比女性更容易自作多情（self assertion），认为对方对自己有超出友情的情感。

友情中个体关系有一种自居作用（identification），即与一位品德高尚的人结为朋友，好像自己身上也有了这种品德；矮个子与高个子在一起，似乎自己也高大多了。这种自居作用，实际上就是对对方优点敬慕而产生的心理效应。朋友之间的敬爱多是志趣、爱好和人品的爱慕与敬重，而爱情更主要是对异性的人体特征更感兴趣。如果对异性朋友的相貌、神色、服饰、动作突然发生了极大的兴趣，那就意味着可能越过了友谊的界限。

排他性是区别友情还是爱情的主要标志。异性之间的友爱是不具有排他性的，异性朋友的约会从来不会故意选择特定的，尤其是避开他人的地点。而恋人在一起时总想避开朋友和熟人。因为人与动物在性欲上的一个显著区别是人类在情爱上有一种社会羞涩感，这是人类文明的标志，同时也是检验爱情与友谊的重要尺度之一。

爱情的另一个特点是彼此的同一性。具体地说，一方若对对方有了情爱，就容易产生用自己的心中的异性形象模式去要求对方。如评价对方哪种打扮好，哪种姿势优雅，希望对方穿什么样的衣服等等，这种参与性，就是费尔巴哈（Ludwig A. Feuerbach）所讲的“爱情就是一个人”。因为想使对方的形象成为自己的一部分，所以自觉不自觉地要干涉对方的风度举止和服装打扮。而朋友之间不会发生这种情况。

“男女有别”的客观事实是存在的。男女之间在气质、性格、身体、爱好等方面往往有着较大差异，只有彼此互相尊重和理解，异性友谊才能维持和发展。与异性朋友交往时，不要自作多情。不要把异性朋友的赞美与帮助当成对自己的爱意，把其当作对自己的肯定与运气就够了。自作多情常常伤人伤己，封闭了自己的异性友谊之门。异性友谊不要有过分的依恋。过分依恋的人有独占异性朋友的欲望，不希望对方有其他亲密朋友。这种心理之下，更容易使友谊蒙上阴影。关系再好的异性朋友，也应该保留各自的隐私。保持心理距离并不会疏远朋友，相反会加深友谊，正是因为有一定的心理距离，才具有神秘感，才会使友谊更具亲和力。

一种有别于单纯异性友谊的关系称为柏拉图式爱情（Platonic Love），这个概念是文艺复兴时期意大利哲学家马西里奥·斐齐诺（Marsilio Ficino）提出的。他假借柏拉图（Plato）在《会饮篇》（*Symposium*）中对“肉欲”与“精神”的探讨，提出了这种追求心灵沟通，排斥肉欲的“精神恋爱”。柏拉图式的爱情有四层含义：

（1）理想式的爱情观（比喻极为浪漫或根本无法实现的爱情观）；

（2）纯精神的而非肉体的爱情；

（3）男女平等的爱情观；

（4）在这世上，对你而言，有且仅有一个人是完美的，而且仅对你而言是完美的。也就是说，任何一个人，都有其完美的对象，而且只有一个。

一般而言第二层含义常常被人提及，因此柏拉图式爱情常与异性友谊相混淆，其实第三和第四层意义才是柏拉图的爱情观。

当然，异性友谊与爱情之间的界限是模糊的。对于单身的异性朋友来说，友谊升温为爱情，或许是值得庆贺的事情。对于已经有了恋人或者已婚的人来说，一定要注意保持异性友谊正常的限度，否则会引起诸多麻烦，还会受到道德和良心的谴责。

让自己更有魅力

一般来讲，恋爱都是从被对方魅力所吸引开始的。一个人如果毫无吸引别人之处，就不能引起别人的注意，如果两人之间不能彼此吸引，也建立不起亲密的感情关系。人际吸引（interpersonal attraction）是人与人之间建立感情关系的第一步，而了解人们为什么相互吸引，就是提升吸引力的第一步。

人际魅力的展现包含了多种因素。在这众多因素中，任何人都至少具备一到两种。因此，人际魅力的多样性特征也意味着无论是谁都可以让别人感受到源于其自身的魅力，无论是谁都可以陷入爱河并开始恋爱。

恋爱中的感情是通过双方相互作用而逐渐加深的，双方能否经常见面、见面的次数或频率、互相积极表达好感的程度、互相帮助的热情等，都会对恋爱中感情的加深产生影响。恋爱关系中存在一个很重要的因素，那就是亲近性。恋爱中的情侣如果居住得比较近，那么对于恋爱而言会有很多益处。住得近，见面的概率就比较高，见面机会越多就越容易产生好感，社会心理学将这种现象称为单纯接触效应（mere exposure effect）。

社会心理学家罗伯特·扎荣茨（Robert Zajonc）在密歇根大学执教的时候做过这样一些实验：他让 4 名女生一起上同一门课，每个人上课的次数分别为 15 次、10 次、5 次和 1 次。在期末最后一堂课上让同学对这 4 名女学生的好感度进行评价，结果上课 15 次的那名女学生好感度最高，上课次数少的学生好感度也随之降低。单纯接触效应不仅仅局限于对人。扎荣茨给学生们看汉字和土耳其文字，很显然学生们根本不懂汉字和土耳其文字，但是他们评价这两种文字都很优秀，原因就在于相比较其他外国文字，这两种更为常见。因此，无论情况多么不利，为了让自己心仪的对象从陌生人转变成亲密恋人，也应该坚持经常在其周围出现，这才算是迈出恋爱的第一步。

对于爱情而言，虽然外表不是全部，但是它却占据着相当大的比重，而且发挥着非常重要的作用。可以很负责任地说，外表出众的人在恋爱关系上绝对占有优势。人们也许都想得到漂亮的伴侣，但结果通常是人们和外貌相当的人结成伴侣。要维持一段长久的伴侣关系，“般配”（match），即伴侣之间的外表吸引力水平相似，是非常重要的因素。恋爱阶段的不同，人们对外表追求的程度也有很大差异。随着关系的逐渐亲密，人们会逐渐淡化对外表的偏执，而转向追求态度的一致。

如果两个人的态度或意见经常一致，或是彼此身上散发出的魅力风格比较接近，就更容易互生好感。此外，价值观接近的时候也会产生好感。想要与对方的态度保持一致，首先需要双方具有相同的兴趣爱好，并且对于关心的话题也要尽量保持一致。如果一方能够经常看一些迎合对方兴趣的书籍，或听一些符合对方口味的音乐，慢慢自己就可以感觉到两个人的关系会逐步深化，逐步向下一阶段过渡。

爱情是通过恋爱双方的互动和相互作用产生并发展起来的，因此大多数人容易爱上对自己比较关心的人，或是给予自己较高评价的人，这称为好感的相互性（mutual affection）。这就要求求爱者能够积极地将对对方抱有好感这件事表达出来。没有人不懂得这个道理，而且大家在日常生活中也都可以感受得到。但是人们虽然知道这个道理，在实际运用中却不是很理想。吝啬感情表达是人的一种通病，大多数人一般都不会首先向他人示好。

爱情的表达应基于感情的发展程度，表达早了可能会因为不成熟而遭到回绝，表达晚了可能坐失良机。什么样的时机最合适呢？如果你看中一个人，想说出“我爱你”，一是要看看你的爱是否确实到了真诚、热切的程度；二是充分考虑一下对方是否能以爱回报你。以实际行动表示对倾慕对象的亲昵、关切与帮助，这在共处相爱中尤其显得重要。帮助对方学习、工作是最好的行为传递。许多行为传递是无须求助于语言的，但恋爱中最忌令人作呕的虚伪的假殷勤。如果确信对方对你有好感，或者至少没有恶感，那么可以尝试亲昵行为，比如牵手、依偎、拥抱甚至亲吻。这是最明确的表达爱意的方式，等于用语言宣称："我可不是只想和你做普通朋友那么简单。"这可以向对方表达两个信号：我喜欢你，我是勇敢的。

根据相遇的场所和氛围不同，人们感受到对方魅力的程度也会不同。在海边和观光圣地，初识的情侣更容易陷入热恋就是因为环境这个重要因素。但并不是说人们只有在景色优美的环境中才能够感受到来自对方的魅力，其实灾难或危机出现的情况下人们反而会更强烈地感受到来自对方的魅力。

斯坦利·沙赫特（Stanley Schachter）认为，不论产生生理兴奋的原因是高兴、悲伤还是愤怒，其对应的生理反应都一样。这也就意味着，人想知道当时由自己的哪一种感情引起生理兴奋是不可能的。这就是情绪两因素理论（two－factor theory of emotion）。这意味着如果生理处于兴奋的时候两个人能够在一起，那也就等于为提高恋爱概率或者加深恋爱情感，创造了绝好的机会。促使生理兴奋的方法有很多，例如两个人一起晨跑、结伴攀岩、打网球或者坐高空缆车。只要是稍微有点儿刺激的活动，或是运动量大的活动都可以，因为这样的活动更容易让人在生理上进入兴奋状态。此外，两个人单独去划船也是一个不错的方法，这时候没有人能分辨出心跳加快是因为小船的左右摇晃，还是因为受到对方的吸引。请记住一句西班牙谚语："想要让爱情之芽萌发，那就去斗牛场吧！"

最后需要注意的，也是人们常常忽略的关键问题是，爱情不是一种单纯的生理现象，不是发情（oestrus），而是有文化因素掺杂其中。人在成长过程中学习到的恋爱文化，直接决定其成年以后的恋爱要求和恋爱方式。沉迷于“王子与公主”故事的人，爱情方式也将不可避免地受到这种理想化爱情的影响。所以，爱情是建立在对自我和对方的充分了解之上的，这也是人们将爱情视为“最深刻的人际关系”的关键原因。在恋爱过程中，自身因素的重要性绝不亚于对方因素的重要性。自身的性格、自我评价中的自信心和自尊心，都会对恋爱的发展产生很大的影响。

爱情的心理调节

纯真的爱情，可以使恋爱中的人心情舒畅，情绪饱满。处在这样一种良好的心境之中，心理功能的协调会大大地增强，并促进人的生理功能的协调和发展。所以莎士比亚（William Shakespeare）才赞颂：“当爱情发言的时候，就像诸神的合唱，使整个的天界陶醉于仙乐之中。”（《爱的徒劳》）

但是，恋爱过程中的男女也会因某种原因产生的误会、猜疑、嫉妒，得不到沟通，从而产生情感的危机。恋人之间如果有价值观、道德观的差异，也会产生心理冲突（mental conflict），如果没有得到及时解决，就会出现对恋爱关系的困惑、苦恼；由于年轻幼稚、心理不成熟，恋人之间常为一些日常琐碎之事发生争吵，又争强好胜、互不相让，或得理不让人，而伤了和气，事后又不愿主动道歉，会产生情感上的隔阂与内心的矛盾。如何调节恋爱过程中的这些心理问题，是年轻人需要认真学习的。

除了伴侣之间的情绪问题，爱情也会引发人际障碍，比较典型的是单恋、失恋和三角恋。

单恋（unrequited love）是以一厢情愿的倾慕与热爱为特点的畸形爱情，按其字面含义，就是“得不到回应的爱”。

如果被恋的一方对对方并不知道单恋的存在，就叫无感单恋。无感单恋多是幻想型的，带有偏执性的成分。无感单恋多是发生在性格内向的人身上，他们对单恋对象抱着高不可攀的畏惧心理，把对方想得神圣非凡，大有可望而不可及之势，因此，只能将深情隐隐地藏在心里，形成一种痛苦的自我折磨，造成心理失调。如果被恋对象了解恋情存在，但是拒绝接受，则是有感单恋。有感单恋是严重的心理抑郁，是痛苦不堪的。个别有感单恋者，误认为对方爱过自己，或一厢情愿，自我满足地宣扬对方爱自己，一旦知道对方根本不爱自己，爱情的建立成为不可能，也可能表现为向对方发泄。

单恋是一种自我感觉中的虚幻恋爱。单恋的人一定要承认、正视这个事实。冷静、客观地分析自己的境遇，及时地退出感情的纠葛是最明智的选择。培根（Francis Bacon）说：“一切真正伟大的人物，没有一个是因为爱情而发狂的人，因为伟大的事业抑制了这种软弱的感情。”对感情不加控制，往往会使人失去理智，如果不及时抽身将会越陷越深，最终毁了自己。应当承认，要用理智战胜感情，并不是轻易能做到的，但人不能做感情的奴隶，必须学会用意志的力量主宰、驾驭自己的思维和感情。

被单恋者的态度对单恋者的心理影响极大。如果无法接受对方的爱，那么正确的态度是及时而明确地拒绝对方。有一种不道德的做法是觉察对方对自己单恋时，不但不拒绝，反而诱其深入，戏弄对方的感情。被单恋者切忌对单恋者含糊其词地表态，因为这样会更加激起并强化单恋者的错觉，造成对方日后更大的痛苦。如果对方攻击性强，一旦受挫折可能会造成不可想象的后果。

三角恋（love triangle）是指同时存在于三个人之间的恋爱，表现为一个人同时爱着两个异性或两个人同时爱着一个异性。这是一种异常的爱情关系，但是却是十分常见的。

人类社会进化到一夫一妻制之后所形成的社会道德规范，就涉及到在同一时间里一个人只能与一个异性相爱。爱情具有独占性和排他性，但是在现实生活中，对两个异性难以取舍也是非常普遍的。三角恋本身很难说是不道德，但其结局常常是可悲的：或三人不欢而散，或两个同性中有一个退出或唯一的一个异性犹豫不决，等等。这三种结局中任何一种结局都会导致所涉及的人产生严重的心理挫折，并延续影响到以后的感情生活。正如保加利亚伦理学家基里尔·瓦西列夫（Kirill Vasilyev）所说："爱情对象的选择是对熟悉的众多异性中某一个人的具体偏爱，是对这个人的价值理想化。没有一个人会同时深深地、忘我地、热烈地爱着两或三个人。那必然会导致心理动荡，使人面临困难的抉择，分散感情的洪流。"

作为三角恋关系中的选择者（chooser），同时被两个人追求是正常的，但同时都接受则是不正常的，这时应该不要因为成为多人追求的对象而冲昏头脑，应当冷静下来，全方位比较两个异性在性格、观念、能力、外在条件等方面的情况，尽早采取决定选择一个相对更理想的，作为自己的恋爱对象。

而作为竞争者（competitor），既要鼓起勇气积极参与竞争，也要注意竞争的手段和自我心态的平衡。爱情的表现是为了取得对方的爱，而实质上是实现自我、发现自我、暴露自我价值的过程。征服了对方的心，感到喜悦、充实，感到实现了前所未有的人生价值，就是把爱情比做战斗也不为过，但这应该是高尚的战斗，不能容忍任何卑劣的行径。任何竞争都有成功和失败，作为成功者，只要你是用光明正大的努力取得了对方的青睐，你可以为新的幸福而喜悦。但要注意，你若对失败者行为态度不当，比如当众羞辱你的情敌，或者故意在对方面前做出亲昵的动作，会加剧失败者的心灵创伤，也会降低爱人对你的好感。

失恋（romantic rejection）是最普遍的情感障碍。失恋的心理波动有可能是长期的，如果不能很好的解决失恋带来的心理冲击，就可能对今后的生活带来不利的影响。

失恋后，不要将新旧恋人做比较。把过去抛得越干净，将来就越可能获得幸福。拿过去的经历来折磨自己也折磨后来人，是非常不负责任的行为。如果所深爱的人拥有你所欣赏的优点和特质，热恋中要做自己，不要把其性情习惯内化到你自己的人格与生活里。虽然失恋了，但相似的人仍会对你有吸引力，要注意不要立刻去找个那样的人替代前恋人。首先要冷静下来分析这类人身上究竟是哪一点令你无法抗拒，那种特质是否也有缺点，跟你的性情是否可以配合得来？如果合得来，为什么会分手呢？再者，将以后的恋人看作是前恋人的替代品是不道德的，既是对自己的折磨，也是对别人的伤害。

失恋后要仔细检讨自己的不足之处，想想自己有哪些缺点。要适度地改变自己，使自己成长。成长之后的你，以后在拥有爱情时就不会再犯同样的不利于培养感情的错误了。不过，找自己的不足之处时要把握分寸，不要陷入自卑的泥潭。

扩展阅读

Robert Steinberg & Karin Weis

The New Psychology of Love

Kirill Vasilyev

Philosophy of Love

Erich Fromm

The Art of Love

Sharon Brehm，Rowland Miller，Daniel Perlman & Susan Campbell

Intimate Relationships

黄维仁

窗外依然有蓝天：婚姻关系的经营与医治

课程 05 情绪

课程名称 了解情绪 | ***Understanding Emotions***

主　　讲 Matthew Leeds | 哈佛大学医学院临床心理学助理教授

课程简介

无论大还是小，简单还是复杂，显而易见还是混乱不堪，各种各样的情绪是生活的基本组成部分。那么究竟什么是情绪？它们在不同文化中的表现相同吗？如果有的话，它们有什么作用？我们能控制自己的情绪吗？情绪在人的发展、人格、人际关系和幸福生活中扮演什么样的角色？它们对身体健康有何影响？又对当下的科学研究提出了什么样的挑战？本课程将涉及这些问题，并探讨研究人类情绪问题的方法。

情绪的由来

《圣经》中说：“不轻易发怒的，胜过勇士；治服己心的，强如取城。”（He who is slow to anger is better than the mighty，And he who rules his spirit，than he who captures a city.《箴言 16：32》）

情绪（emotions），好像若隐若现的精灵，它不像行为（behavior）那样明显，以至于可以对它进行相当符合科学规范的实验；也不像潜意识（subconscious）那样太过虚幻，以至于一般不作为影响人们决定的因素。但情绪不一样，它无处不在又难以捉摸，易于名状又不易测量，忽视它一定会遭遇损失，重视它又让人觉得无处下手。这就是为什么我们必须研究情绪，了解情绪，然后学会控制情绪。

情绪是什么？心理学家们辩论了 100 多年也没有就此问题达成一致。在一般的心理学教科书中，情绪被描述为针对个体内部或外部的重要事件所产生的、包含语言、生理、行为和神经机制互相协调的一组突发反应。有些概念很容易和情绪混淆。比如感觉（feelings），是指个人对情绪的主观认识，更私人化，因人而异；心情（moods）则是主体所处在的感情状态，比情绪延续时间长，波动也不如情绪强烈。而情感（affect）是个笼统概念，有时包括情绪、感觉和心情，有时可以专指情绪。

一些科学家认为情绪是动物对外界事件的生理反应。第一个提出这种理论的是威廉·詹姆士（William James），他在 1884 年发表的文章中提出，情绪体验主要是身体变化造成的。丹麦心理学家卡尔·兰格（Carl Lange）几乎在同时发表了相似的理论，因此被称为詹姆士一兰格理论。

这一理论主张："当身体产生（生理）变化时，我们感受到这些变化，这就是情绪。"

在普通人看来，情绪会激发行动，比如我们因为难过而哭泣，因为恐惧而逃跑。詹姆士—兰格理论则给出相反的解读：刺激引发自主神经系统的活动，产生生理状态上的改变，生理上的反应导致了情绪。这个理论因为和人们的普遍感受不一致，所以遭到了很多质疑。有学者声称，情绪的发生比产生身体变化迅速，人只需 0.1 秒就能感到愤怒，但是神经系统激发腺体，把荷尔蒙释放到血液中需要整整 1 秒，因此生物反应只是强化情绪，不能制造情绪。但是随着神经科学的发展，越来越多的证据开始支持这一观点。研究发现，人类的情绪大多对应特定的神经反应，愤怒、恐惧、悲伤、厌恶等基本情绪（basic emotion）更是如此。即使没有大脑皮质参与，人也可以在没有自主意识、没有认知的情况下产生情绪。生理变化伴随着情绪产生，调节制约人们对情绪的感受，但是并不直接造成情绪。情绪也可以反过来导致生理变化，并产生包括战斗、逃跑、抚育在内的适应行为。

人脑分为几个功能不同的部分，不同的部分在进化的过程中出现的时间也有所不同。脑干的功能主要是维持个体生命，包括呼吸、消化等重要生理功能，它形成的时间最早。接下来是边缘系统（limbic system），它包括的大脑部位相当广泛，如海马体（Hippocampus）、杏仁核（amygdala）、下丘脑（Hypothalamus）等，其主要部分环绕大脑两半球内侧形成一个闭合的环。边缘系统内部互相连接，与神经系统其他部分也有广泛的联系，参与感觉、内脏活动的调节，并与情绪、行为、学习和记忆等心理活动密切相关。通过神经解剖发现，哺乳动物大脑中有三个独立的神经回路，分别控制三种情绪反应：

（1）产生积极行为的系统：产生快乐情绪，使动物乐于探索周围的世界。

(2) 产生战斗或逃跑反应的系统：产生恐惧或愤怒，使动物判断迎战或逃跑。

(3) 产生消极行为的系统：产生焦虑，使动物行为僵硬、消极。

有充足的证据证明，愤怒、恐惧、悲伤、厌恶四种情绪各自有独特的自主神经系统反应。这是因为这四种情绪能激发出特定的行为，并且这些本能行为和生存息息相关，比如愤怒，可以使人心跳加快、体温上升，以应对即将发生的战斗。

研究也发现，基本情绪和神经递质水平也有关系。例如愤怒是低血清素、高多巴胺、高去甲肾上腺素综合作用产生的。羞愧的时候这三种神经传导物质水平都比较低，而兴奋的时候，这三种神经递质水平都有明显提高。另外，当左前额叶皮层（prefrontal cortex，PFC）受刺激活跃时，人会产生正面情绪，在实验中，美好的画面会让这一区域更活跃。而人为刺激左前额叶皮层时，中性甚至负面的画面也能让人产生美好的感觉。

从詹姆士－兰格理论可以发展出一些心理治疗方法，如大笑疗法、舞蹈疗法。这一理论的积极意义在于告诉人们，强忍悲痛不能缓解悲痛，但强行欢乐却能带来欢乐。

除了生理学，认知理论也是研究情绪的主要工具。从认知的角度来看，情绪不仅仅来自生理反应，还受到信息处理过程、社会交流方式和文化背景影响，必须经过判断、评价和思考过程才能产生情绪。这一系列思想行为可以是有意识的也可以是下意识的，可能是抽象思考也可能不是。尤其是由基本情绪派生出来的复合情绪（complex emotion），如希望、骄傲和疏离感，不能仅从生物学角度进行解释。例如“失望”这种情绪，可以和自主神经系统以及面部表情完全没有关系，而只能从社会文化角度解读，即“一个人没有得到他所希望的东西”。一个典型的例子是，奥运会上获得铜牌的选手往往比获得银牌的选手更高兴，前者庆幸自己还可以获得奖牌，而后者则遗憾没有拿到第一。

认知心理学家认为，造成情绪的直接原因不是外部事件，而是我们对事件的判断。玛格达·阿诺德（Magda Arnold）最先提出，在外界事件发生后，大脑的边缘系统会自动判断这件事对我们是好是坏，根据事件定性，我们下意识地决定是喜欢还是厌恶这件事，因此产生情绪。情绪成为我们的动机，使我们接近或是避免刚刚发生的事件。理查·拉扎鲁斯（Richard Lazarus）对这个理论做了修正，他认为情绪的判断过程分为两步：我们首先判断这件事对我们的重要性，然后判断它是好是坏。每个人判断重要事件的标准都不一样，一般来说，会对以下要素造成影响的事件就是重要事件：健康、自尊、目标、经济状况、尊重和重要的人。

情绪是人类天性的重要部分。人们为高兴而开怀，为悲伤而伤心，这就是情绪。它使人们精神焕发，也使人们萎靡不振；它让人们时而冷静，时而冲动；它让人们理智地去思考，也让人们失去控制地暴跳如雷；它让人们有时觉得生活充满了甜蜜和幸福；而有时又感觉生活是那么无味而沉闷、抑郁和痛苦。如果我们对情绪没有足够的认识，就会犯很多错误；而如果了解情绪，知道如何管理自己的情绪，那么我们的个人力量就会增强很多。

情绪的作用

低等动物没有情绪。鱼类、两栖类会有一些具有适应价值的行为反应模式，如搏斗、逃跑、喂哺和求偶等行为，这些适应行为产生各自的特定的生理唤醒（physiological activation）。当动物的神经系统发展到皮质阶段时，生理唤醒在脑中产生相应的感受状态并留下痕迹，这就是最原始的情绪。因此，可以说情绪是进化的产物。

当特定的行为模式、生理唤醒和相应的感受状态这三个成分出现后，就具备了情绪的适应性，其作用在于使机体处于适宜的活动状态，将相应的感受通过行为表现出来，以达到共鸣或求得援助，所以，情绪是适应生存的心理工具。人类继承和发展了动物情绪这一高级适应手段，且情绪功能有了进一步的发展，比如，用微笑向对方表示友好，通过移情和同情来维护人际联结，掩盖粗鲁的愤怒行为等。

情绪的表现形式是多种多样的，我们会在日常生活中明显地感受到别人的喜怒哀乐，但有时情绪更多的是隐性的，即使它并不通过人的面部表情和语言表现出来，你仍可以感觉到它的存在。我们依据情绪发生的强度、持续的时间、紧张的程度等不同维度，可以把情绪分为心境、激情和应激这三种不同类型。

情绪的维度（dimension）是指情绪所固有的某些特征，主要指情绪的动力性、激动性、强度和紧张度等方面。这些特征的变化又具有两极性。心理科学研究的先驱威廉·冯特（Wilhelm Wundt）认为情绪是由三个维度组成的，即愉快—不愉快、激动—平静和紧张—松弛，每种具体情绪分布在三个维度的两极之间不同的位置上。到 20 世纪 50 年代，哈洛德·施洛伯格（Harold H. Schlosberg）根据面部表情的研究提出，情绪的维度有愉快—不愉快、注意—拒绝和激活水平三个维度，建立了一个三维模式图，长轴为快乐维度，短轴为注意维度，垂直于椭圆面的轴则是激活水平的强度维度，三个不同水平的整合可以得到各种情绪。之后，罗伯特·普拉切克（Robert Plutchik）提出情绪是心理演化的综合体，具有强度、相似性和两极性等三个维度，并用一个倒锥体来说明三个维度之间的关系：顶部是悲痛、恐惧、惊奇、接受、狂喜、狂怒、警惕和憎恨这八种最强烈的基本情绪，每一类情绪中都有一些性质相似、强度依次递减的情绪，如厌恶一厌烦、哀伤一忧郁。卡罗尔·伊扎德（Carroll E. Izard）则提出情绪四维理论。认为情绪有愉快度、紧张度、激动度、确信度四个维度。

心境（mental state）是一种微弱、平静、持续时间很长的情绪状态。它并不是针对某个事物特定的体验，而是影响着对所有事物的情绪体验和行为表现。它是在一段时间内精神活动的基本背景，是影响人的整个精神活动的一种较持久的情绪状态。如心情舒畅、郁郁不乐、恬静、烦躁等就是心境。某种心境产生后，就影响着人的全部生活，它使人的言语、行动、思想和所接触的事物都染上了微弱的情感色调。

引起心境的原因是多方面的。个人生活中的重大事件、事业的成败、工作的顺利与否、与周围人们相处的关系等都可能引起某种心境。健康状况与心境的关系尤为密切。一方面健康状况不同会引起人的不同心境；同时心境也影响健康状况。如果心境开朗，就会感到身体健康，而心境不佳就觉得一切都惹人讨厌。因此，就某种意义上来说，心境是健康的显示器。虽然心境的产生是有原因的，但人自己并不一定都能意识到。心境对人的生活和活动有很大的影响。积极的、舒畅的心境使人心情振奋、朝气蓬勃，勇于克服困难，提高工作效率；消极的、沮丧的心境使人萎靡不振、懒散无力、陷于颓唐。心境是很容易被渲染的。心情舒畅的时候，我们会觉得身边的一切都是那么美好。可当人们心情烦躁时又会觉得诸事不顺。心境受到个人的思维方式、方法、理想以及人生观、价值观和世界观的影响。

激情（passion）是一种持续时间短，表现剧烈，失去自我控制力的情绪。如果说情绪是心理的波浪，那么激情就是暴风骤雨。激情状态下自我卷入的程度很深，失去了身心平衡，伴有明显的生理和身体方面的变化。很多情况下激情的发生是由生活上的某些事情影响导致的，而这些事情往往是突发的，使人的情绪在短时间内失去控制。如亲人突然亡故引起的悲伤、突如其来的危险所带来的恐惧等，都属于激情状态。

人处于激情状态时，皮层下神经中枢失去了大脑皮层的调节作用，皮层下中枢的活动占了优势。人的自我控制能力减弱，会发生意识野狭窄（consciousness twilight state）现象，下意识地做出与平常行为很不相同的举动。但是，人在激情状态下，并非完全意识不到或不能控制自己。

积极的激情，可以调动起身心的巨大潜力，对工作和生活产生积极的作用。许多创造性的作品就是这样产生的。消极的激情则会使人冲动、呆滞和失去理智，盛怒就是一种消极的激情。消极的激情使人表情难看，容易使人失去理智，在愤怒的驱使下，甚至连说话都语无伦次，常出现类似的消极激情，对人的身心有巨大的影响。在相当大的程度上，激情也是可以控制的，比如，在情绪还没有达到激情状态时，及时加以调节，在很大程度上可以避免激情出现。

应激（stress）是在出乎意料的紧急情况所引起的急速而高度的紧张情绪状态。人们在生活中经常会遇到突发事件，它要求人们及时而迅速地做出反应和决定，对应这些紧急情况所产生的情绪体验就是应激反应。

纽约大学的约瑟夫·勒杜（Joseph. E. LeDoux）对这种现象从生理上做出了解释。他发现了大脑中的一种通路，这条通路使情绪在智力还没有介入之前，就驱使人做出行动。例如一个人在森林中徒步行走，突然发现了一条长而弯曲的东西，他脑子里蓦地窜出蛇的样子，产生了恐惧和紧张的情绪。但他仔细观察之后，原来那是一根藤而不是蛇，紧张的心情就消失了。这最初的反应，就是大脑的情绪反应与智力反应的通路。在应激状态下，出现大脑中情绪与智力的通路是正常的。然而，有些人稍遇情绪波动，就产生这种通路，产生感情冲动，以感情代替理智、以感情冲击理智。这类人很难调节自己的情绪。

在平静的状况下，人们的情绪变化差异还不是很明显，而当应激反应出现时，人们的情绪差异立刻就显现出来。应激反应在表现方式和结果上也是千差万别。更多时候，有经验的人比没有经验的人更擅长处理应激。性格、态度和心理素质水平也决定了在特定情况下人们能力及其处理结果的差异，但人们如果经常处于应激反应之下，他的情绪必然是紧张的。身心都处在长期紧张之中的人更容易表现出极端现象。长期处于应激状态会使人体内部的生化防御系统发生紊乱和瓦解，身体的抵抗力低下，失去免疫能力，更容易患病。所以我们不可能长期处于高度紧张的应激反应中，要在日常生活中注意培养心理上的应变能力。

提升你的情商

情绪作为脑内的一个监测系统，对其他心理活动具有组织作用。这种作用包括对活动的瓦解和促进两方面，一般来说，正性情绪起协调、组织的作用，而负性情绪起破坏、瓦解或阻断的作用。因此，控制情绪的能力对个体的心理健全有着非同寻常的意义。

那么，如何衡量人对情绪的控制能力呢？心理学家提出了情绪商数（Emotional Quotient）这个概念，也就是“情商”（EQ）。

1925 年，爱德华·桑代克（Edward L. Thondike）提出了社会智力（social intelligence）的概念，他认为，拥有社会智力的人“具有了解及管理他人的能力，能在人际关系上采取明智的行动”。1983 年，霍华德·加德纳（Howard Gardner）发展了多元智力理论（theory of multiple intelligence），其中包括两种情绪维度成分：内省智力（intrapsychic intelligence）和人际智力（interpersonal intelligence），让“社会智力”的概念再一次受到重视。1990 年，彼得·沙洛维（Peter Salovey）和约翰·梅耶（John Mayer）在《想象、认知和人格》杂志上发表了标志性的文章《情商》，重新解释了情绪智力这个概念并提出了较系统的理论。5年之后，丹尼尔·戈尔曼（Daniel Goleman）出版了《情商：为什么情商比智商更重要》一书，立刻引起全球性的研究与讨论，因此，丹尼尔也被誉为“情商之父”。值得一提的是，上面这些人物除了沙洛维和梅耶以外，都是哈佛人。

戈尔曼接受了萨洛维和梅耶的观点，认为情商包含五个主要方面：

（1）自我意识（self awareness）：监视情绪时时刻刻的变化，能够察觉某种情绪的出现，观察和审视自己的内心世界体验。它是情商的核心，不了解自身真实感受的人必然沦为情绪的奴隶，只有认识自己才能成为自己生活的主宰。

（2）自我管理（self management）：调控自己的情绪，使之适时适度地表现出来，即能调控自己。这方面能力较匮乏的人常须与低落的情绪交战，掌控自如的人则能很快走出生命的低潮，重新出发。

（3）自我激励（self motivation）：能够依据活动的某种目标，调动、指挥情绪的能力。无论是要集中注意力或发挥创造力，将情绪专注于一项目标是绝对必要的。成就任何事情都要靠情绪的自制力——克制冲动与延迟满足。保持高度热忱是一切成就的动力。

（4）移情能力或同理心（empathy）：能够通过细微的社会信号、敏感地感受到他人的需求与欲望，认知他人的情绪。这是与他人正常交往，实现顺利沟通的基础。心理学家一直在探索这种能力的根源，对他人的感受视若无睹的代价，以及利他精神与同情心的关系。

（5）社会交往能力（social skills）：调控自己与他人的情绪反应的技巧。人缘、领导能力、人际和谐程度都与这项能力有关，充分掌握这项能力的人常是佼佼者。

一个人在社会上占据什么位置，绝大部分取决于非智商因素。哈佛的一位校友，西奥多·卡钦斯基（Theodore J. Kaczynski），大家可能知道他的绰号："隐形炸弹客"（The Unabomber）。

西奥多智商高达167，16岁进入哈佛数学系，20岁毕业，不到一年的时间就拿到了密歇根大学的数学博士学位，25岁成了加州大学伯克利分校有史以来最年轻的助理教授。然而，西奥多虽然智力超群，但却从未培养自己的社会技能和情商。整个中学时期几乎见不到他的影子，他从不同任何人交往。两年后，他就辞去教职，跑到加拿大隐居起来。遗憾的是西奥多可不是就此与世隔绝，他用另一种方法和世界保持联系：从1978年到1995年，西奥多给多家大学和航空公司寄送了16枚自制炸弹，炸死了3名无辜者，炸伤了另外23人。

智商与情商虽互异但不冲突，每个人都是两者的综合体，智商高而情商奇低，或智商低而情商奇高的人都很少见。事实上，智商与情商虽然貌似泾渭分明，但二者之间确乎有一定的关联。

西奥多的一位伯克利同事——杰克·布洛克（Jack Bullock）采用一种近似情商的"心理弹性"（resilience）为标准，比较高智商类型与高情商类型的差异，发现两者确有天壤之别。纯粹高智商型的人几乎是一种夸大可笑的类型——知识的巨人、生活的白痴。这类人的面貌根据性别不同略有差异，男性的表现更极端：具有广泛的知识上的兴趣与能力，有抱负、有效率，呆板而顽固，不易为自身的问题困扰，此外也较骄傲，好评断，一丝不苟，自我压抑，面对性与感官享乐疏离而淡漠。猜对了，他就是《生活大爆炸》里的谢尔顿（Sheldon Lee Cooper，热播电视剧《*The Big Bang Theory*》主角之一，智商高达187，但不擅长为人处事的理论物理学家）！反之，情商很高的人多是社交能力极佳，外向而愉快，不易陷入恐惧或忧思，对人对事容易投入，通常较直爽，富同情心，情感生活丰富但不逾矩，处处给人怡然自安的感觉。

高情商者是不会担心自己一旦情绪失控会影响到生活和工作的，因为他们懂得驾驭、协调和管理自己的情绪，让情绪为自己服务。个人情绪管理的最高境界是“情绪自主”。情绪自主的人拥有以下 4 种能力：

（1）自觉力。随时都能对自己保有高度的觉察，了解自己当下的情绪和感觉，和自己的情感亲密地交融互动。比如，清楚地知道自己现在很生气、很难过、很悲伤、很愤怒等等。对自己的情绪随时保持敏锐的觉察。

（2）理解力。对发生在当下的每一个情绪和感觉，都有深刻的洞察能力，明白我们情绪的来源不是在外部，而是内心的价值观和信念的反应，或者说是我们过去生命的经验投射到现在的人和事物上产生的一种自动反应模式。进而有更深一步的觉醒，打破过去经验的束缚，突破自己，为自己做出新的选择。

（3）运用力。每一种情绪和感觉都是一份推动力，都会引领你到达一个新的高度。就我们认为的负面情绪来说，也是深具正面价值的。比如，你对某个人有愤怒的感觉，你要如何为这份感觉负责呢？愤怒是在提醒你对方的行为已侵犯到你的界限，需要你维护自己的尊严和权利。你送别一个友人时很悲伤，说明这个人对你很重要，也许你平时忽略了他（她），所以今后要更加珍惜你和他（她）的关系。每一个情绪背后都有一份礼物和其所属的正面价值。

（4）摆脱力。当负面情绪侵扰你，对你造成一些障碍，以至于环境不允许它存在时，需要你能适应环境的变化，随时摆脱不良情绪的控制。

智商的发展有一半受限于天生遗传；然而情商的高低，却主要取决于后天学习的结果，因此情商的提升，可经由教育训练而达成。目前已有很多学校以提升情商为主来设计课程，而在全世界的企业中，也正进行着许多的情商训练课程，以提升员工生产力，借以巩固企业竞争力，达到永续经营的目的。

如何控制情绪

有谚语说："你不能控制风向，但可以调整风帆。（You can′t direct the wind，but you can adjust your sails.）"对于不同的人，同一种情绪可能同时具有积极和消极的作用。例如，恐惧会引起紧张，抑制人的行动，减弱人的神志，但也可能调动各种生理机能，向危险挑战。而面对同样的事情，不同的人也可能会产生截然不同的情绪反应。

一个人所有的心境都是由自己的认知或思维产生的。人们对客观事物的反映有时候是真实可靠的，有时候却是虚假的，而据此做出的情绪反应，便会因为认知的方式和角度不同而产生很大的差异，有时合理，有时不合理。对于那些显然会影响生活的不合理情绪，可以运用合理情绪治疗（Rational－Emotive Therapy，RET）加以校正。

合理情绪治疗是由临床心理学家阿尔伯特·艾利斯（Albert Ellis）创立的。艾利斯认为，激发事件（activating event）只是引发情绪和行为后果（consequence）的间接原因，而直接原因则是个体对激发事件的认知和评价而产生的信念（belief）。这一理论又称为"情绪 ABC 理论"。很显然，合理情绪疗法就是首先要找出认知过程中的错误思维方式，并努力加以纠正，最终达到消除不良情绪的目的。

我们在日常生活中错误、歪曲的思维方式有非此即彼、以偏概全、贬抑积极的事物、仓促作出结论、胡乱猜测、夸大其辞、情绪推理、虚拟陈述等等，这些思维方式通常不为人所觉察，但却会时时左右人的行动。鲁思·韦斯勒（Ruth A. Wessler）总结出不合理情绪的三个主要特征：绝对化的要求、过分概括化和“糟糕至极”。

绝对化的要求（demandingness）是指个体以自己的意愿为出发点，认为某一事物必定会发生或不会发生的信念。这种特征通常是与“必须”和“应该”这类词联系在一起，如“我必须获得成功”；“别人必须友好地对待我”等等。这种绝对化的要求是不可能实现的，因为客观事物的发展有其自身规律，不可能依个人意志而转移。人不可能在每一件事上都获得成功；他周围的人和事物的表现和发展也不会依他的意愿来改变。因此，当某些事物的发生与其对事物的绝对化要求相悖时，他就会感到难以接受和适应，从而极易陷入情绪困扰之中。

过分概括化（overgeneralization）是一种以偏概全的不合理的思维方式，就好像是以一本书的封面来判定它的好坏一样。它是个体对自己或别人不合理的评价，其典型特征是以某一件或某几件事来评价自身或他人的整体价值。例如，一些人面对失败的结果常常认为自己“一无是处”或“毫无价值”。这种片面的自我否定往往会导致自责自罪、自卑自弃的心理以及焦虑和抑郁等情绪。而一旦将这种评价转向他人，就会一味地责备别人，并产生愤怒和敌意的情绪。针对这类不合理信念，合理情绪疗法强调世上没有一个人能达到十全十美的境地，每一个人都应意识到人是有可能犯错误的。因此，应以评价一个人的具体行为和表现来代替对整个人的评价，也就是说“评价一个人的行为而不是去评价一个人”。

糟糕至极（awfulling）是一种对事物的可能后果非常可怕、非常糟糕、甚至是一种灾难性的预期的非理性观念。对任何一件事情来说都有比之更坏的情况发生，因此没有一种事情可以被定义为百分之百的糟糕透顶。若坚持这样的观念，那么当人认为遇到了糟糕透顶的事情时，就会陷入极度的负性情绪体验中。针对这种信念，合理情绪疗法理论认为虽然非常不好的事情确实可能发生，我们也有很多原因不希望它发生，但我们却没有理由说它不该发生。因此，面对这些不好的事情，我们应该努力接受现实，在可能的情况下去改变这种状态，而在不能改变时去学会如何在这种状态下生活下去。

一个完整的合理情绪治疗过程有六个步骤，可以用A至D这六个字母代表：

（1）Activating events：找到那些引起不良情绪的诱发事件。

（2）Beliefs：梳理自我解释事件的思想方法。

（3）emotional and behavioral Consequences：明确信念所引起的情绪及行为后果。

（4）Disputing irrational beliefs：劝导干预，将消极的思维或想法从头脑中剥离出来，使它明确地反映到人的头脑，再以客观、正确的思想取代错误的思想。

（5）Effect：评价治疗的影响效果。

（6）new Feeling：体验治疗后的新感觉。

一般而言，合理情绪治疗是在不良情绪产生以后的一种补救措施，而在情绪产生之前，对导致情绪发生的事件或结果进行理性分析，也可以影响后续的情绪和行为，将不良的情绪消灭在萌芽中。这是一种更为直接有效的情绪控制法。

当人们面对一个行为的结果时，总是不可避免地对行为结果成功或失败的原因进行探究，寻求解释，心理学称为归因（attribution）。伯纳德·韦纳（Bernard Weiner）认为，人们不外乎从三个维度来分析行为结果产生的原因：内外部（causality）、稳定性（stability）和可控性（controllability）。一般而言，人们往往把行为结果的原因归为四个方面：能力、努力、任务难度和运气。

归因方式有正确和错误之分，有积极和消极之别，我们要想提高学习和工作效率，形成积极稳定的情绪，就必须化消极归因为积极归因，变错误归因方式为正确的归因方式。这种变化过程并非一蹴而就的，必须有意地培养并经过长期的训练，才能形成正确的归因方式。

首先，要明确区分影响成败因素的性质：哪些是内部因素，哪些是外部因素，哪些是可控的，哪些是不可控的。你要相信，你只能改变和控制内部的可控因素，而不能改变和控制外部的不可控制因素，对于外部的不可控因素，你最多只能影响它。其次，要十分清楚积极归因的特点和作用。积极正确地归因，会激励自己积极主动地学习、不断进步，反之则会影响自己的自信心、进取心。最后，要经常、主动运用积极归因。对学习、生活或游戏娱乐行为结果进行分析，进行积极归因，久而久之，你就会形成积极看待问题的习惯，你就会成为一个乐观向上的人，成为一个心理健康的人。这样，你就不会失去信心。如果你受到了某个奖励，你应该认为这主要是对你的能力和价值的肯定，而不要认为是对你名次的奖励，那么你会更自信、更乐观。

扩展阅读

Charles R. Darwin

The Expression of the Emotion in Man and Animals

Daniel Goleman

Emotional Intelligence: *Why It Can Matter More Than IQ*

Kenneth T. Strongman

The Sociology of Emotions: *From Everyday Life to Theory*

Paul Ekman

Emotions Revealed: *Recognizing Faces and Feelings to Improve Communication and Emotional Life*

孟昭兰

情绪心理学

课程 06 演讲

课程名称 沟通的艺术｜***The Arts of Communication***

主　　讲 Marie Danziger｜哈佛大学肯尼迪学院教授，“沟通项目”主任

课程简介

当下的领导者不仅能够深思熟虑的分析问题，还要有清晰的沟通能力和强大的说服力。本课程专为公共政治和其他领域的潜在领导者设计，旨在提高担任领导者时，在复杂困境下的公共演说能力。一方面需要学习沟通策略和公共演讲典范，另一方面也要通过演讲实践磨练自己的技能。

如何成为演说家

1963年8月28日，黑人牧师马丁·路德·金（Martin Luther King，Jr.）在华盛顿林肯纪念堂前向25万民众发表演讲："我有一个梦想……"现在，这段话已经成为历史的一部分，而被人们永远铭记。

各种回忆录显示，这段"华彩"部分在金牧师以前的小范围演讲中已经多次使用过，他的顾问怀亚特·沃克（Wyatt T. Walker）在演讲前曾建议他不要再使用这段话，事实上这一段也没有出现在准备好的文稿中。但是在演讲过程中，金牧师感觉到自己没有达到目标。数月后，在谈及自己决定在演说中加入这部分内容时，他说："我开始念演说词，我念到一个地方。那天观众的反应很棒……突然，这部分我之前已用过许多次的内容涌上心头……'我有一个梦想'。我就是觉得我想把这些内容用到这里……我用了这些内容，在那一刻，我就把文稿彻底扔到一边。"

演讲（speech），是政治家的必备能力，是指在公众场所，以有声语言为主要手段，以体态语言为辅助手段，针对某个具体问题，鲜明、完整地发表自己的见解和主张，阐明事理或抒发情感，进行宣传鼓动的一种语言交际活动。演讲有四种作用：

（1）使人知（Knowing）。目的是传达信息、阐明事理。

（2）使人信（be convinced）。目的是使人信赖、相信。通过论述道理，改变人们以往的旧观念。

（3）使人激（exciting）。使听众激动起来，在思想感情上与演讲者产生共鸣，从而欢呼、雀跃。

(4) 使人动（start—up）。演讲有着导发行动的作用，其最高宗旨在于最终能促使听众做出符合演讲目的的行动。

听众的行动是演讲一切理想感性作用的最集中最实际的体现。不能导发行动的演讲，其作用是浅层的、微弱的，不会有更深远的社会价值和历史意义。因此，作为领导者必须有高超的演讲技能。

优秀的演讲者需要具备敏锐的观察力、丰富的想象力、较强的记忆力和较强的口语表达能力。

敏锐的观察力（observation）是演讲者不可或缺的能力之一。有了敏锐的观察力，就能从生活中获取大量的典型材料，加以分析和判断，使演讲内容丰富。黑格尔（Georg Wilhelm Friedrich Hegel）曾说："演说家首先就要充分考虑到演讲场合以及听众的理解力和一般性格，否则他的语调就会由于对时间、地点和听众都不适合而不能达到所期待的实践效果。"这不仅指出了观察力对于演讲效果的至关重要，而且也指出了演讲者在演讲中所观察的范围和内容。

丰富的想象力（Imagination）是保证演讲生动有趣的关键。19 世纪德国浪漫主义文学家让·保罗（Johann Paul Friedrich Richter）曾说过："想象能力能使一切片段的事物变为完全的整体，使缺陷世界变为完满世界；它能使一切事物都完整化，甚至也使无限的、无所不包的宇宙变得完整。"演讲者的想象力丰富，演讲的内容才能充实而新颖，才能通过严谨的构思将各种各样的事物巧妙而有机地组合起来并使之浑然一体，从而增强演讲的深度和广度。

演讲者还要有"过目不忘"的记忆力（memory）。头脑里储存了大量的信息，一旦需要写演讲稿时，就会如囊中取物一样，迅速而准确地输出并组织到演讲稿中。演讲者登上演讲台时，也需要极强的记忆力，否则经常忘词，又怎么能使听众产生浓厚的兴趣呢？另外，演讲有时如同江河直泻，需要演讲者不时地闪现出灵感，当一个新思想出现时，却忘记了应当阐述思想的原材料，又怎能为全篇演讲增光添彩呢？有了较强的记忆力，演讲起来才能口若悬河、滔滔不绝。

演讲是一门实践技能，不靠训练是无法掌握的。古代雅典民主派政治家德摩斯梯尼（Demosthenes）天生口吃，嗓音微弱，还有耸肩的坏习惯。他最初的政治演说是很不成功的，由于发音不清，论证无力，多次被轰下讲坛。为了成为卓越的演说家，德摩斯梯尼做了超过常人几倍的努力，进行了异常刻苦的学习和训练。据说，他抄写了八遍修昔底德（Thucydides）的《伯罗奔尼撒战争史（*Peloponnesian War*）》；他虚心向著名的演员请教发音的方法，把小石子含在嘴里朗读，迎着大风和波涛讲话；为了去掉气短的毛病，他一边在陡峭的山路上攀登，一边不停地吟诗；他在家里装了一面大镜子，每天起早贪黑地对着镜子练习演说；为了改掉说话耸肩的坏习惯，他在左右肩上各悬挂一柄剑；他把自己剃成阴阳头，以便能安心躲起来练习演说。通过多年的刻苦努力，德摩斯梯尼最终成为了雅典最雄辩的演说家。

所以，如果你想成为出色的演说家，就要马上行动起来！

如何令演讲充满魅力

演讲是通过什么方式影响并改变众人的思想和行为呢？

首先，演讲的内容毋庸置疑应当是有道理（reasonable）的，然而起关键作用的并不是道理本身。演讲是即时的，听众不一定能在短时间内很容易地消化演讲者所传达的理念——通常可以反复阅读的出版物才能达到这样的效果。换句话说，演讲不是“说服”（persuade）。其次，演讲也不是辩论。在具体的演说中，听众和演讲者会有交锋，但是“使对手哑口无言”不是演讲的目的。辩论的目的是让对方不反对你，而演讲不仅要让听众不反对你，更要让他们支持你。所以，演讲不需要“压服”（subdue）。实际上，演讲真正的效力在于“感染”（communicate），也就是演讲者用自己的情绪去影响听众的情绪，这就要求演讲者必须要尽力发挥自己的魅力。

演讲中的情感抒发十分重要，但感情是受理智支配的。演讲时要时刻牢记演讲的主题，时刻把握感情的阀门，注意控制感情的流量。有的演讲者不懂得控制自己的情绪，一到伤心处就涕泪交流，泣不成声；一到愤慨时就语不成句；一到高兴时又笑得前俯后仰，手舞足蹈。结果，听众只知他在台上喜怒无常，根本听不清、弄不懂他在说什么。这样，又怎么能与听众产生感情上的共鸣呢？

在1960年联合国大会的最后一天，苏联最高领导人赫鲁晓夫（Nikita S. Khrushchev）抨击菲律宾代表，说得兴起，竟手拿皮鞋在讲台上使劲拍打，一时全场哗然。记者拍下了这一幕，立刻轰动全世界。对于这只鞋是否是赫鲁晓夫从自己脚上脱下来的，各界众说纷纭，但无论如何这种行为会被世人视为粗鲁没有礼貌，严重损害了赫鲁晓夫本人和苏联的国际形象。真情流露并不等于不加节制。赫鲁晓夫的例子留给人们深刻的教训。它启示人们，说话时必须善于控制感情。真情流露并不等于放肆，坦诚也必须有度。如果不加节制，感情表现过分，听众就必然将它与幼稚轻浮联系起来。

要调动听众的情绪，除了演讲内容不能干巴巴毫无新意之外，对语音、语调等语言要素、手势、表情等身体语言的运用也是非常重要的。

演讲是以声音材料为载体的。没有声音无所谓演讲；虽有声音，倘若没有感情变化，同样称不上演讲。在演讲中，只有使音调（tone）的高低随意而变，随情而变，才能造成最佳的演讲效果。所以，为了更有效地表达思想感情，就不能不对语言做高低抑扬的变化处理。既不能一味地高，破嗓裂喉；也不能一味地低，有气无力。一般说来，高音为升调，即句子调值由低到高，句尾发旨往往最高，一般用于疑问句；低音为降调，即句子调值由高到低，句尾发音往往最低，一般用于陈述句、祈使句和感叹句。演讲要感染听众，重要手段之一就是通过语调（intonation）流露真情。坚定的、犹豫的、高兴的、哀痛的、期待的、失望的、昂扬的、颓废的等复杂的感情，都可以通过语音、语调的高低快慢、抑扬顿挫表现出来。

演讲中也要注意使用停顿（pause）的技巧。停顿是指根据句子的逻辑关系和情感要求，巧妙设置语音的停止和延续。停顿利于听众更好地理解、消化演讲的内容。一般说来，提出问题后稍停顿，可引起听众思考；情感变化时稍停顿，可让听众回味；举出事例后稍停顿，可激起听众共鸣。演讲者也能趁机换气，调整自己的语音、语调。停顿不仅能满足演讲者换气润喉的需要，而且可以使演讲内容层次分明，产生抑扬顿挫的韵律美；延续有利于加强语言的情感内涵，给听众留下回味的余地。

演讲还要注意节奏（rhythm），即语音的快慢、长短等有规律地回环往复的技巧。演讲不能平铺直叙，为集中听众的注意力，要有节奏变化。一味的快节奏令人喘不过气来，一味的慢节奏又显得拖沓沉闷，因此节奏要快慢结合，急缓有致。一般快节奏的运用是在铺叙事件的发展、变化，表达激昂澎湃的情感时使用，而表达抒情、回忆、憧憬、议论时，多用慢节奏。

除了雕琢语音，演讲者也要注意无声语言（silent language）的运用。无声语言又称作态势语（situation language），它通过身姿、手势、表情、目光等配合有声语言来传递信息。

演讲中的无声语言包括表情、眼神、站姿与手势。其中表情是很重要的一个环节。演讲的表情不宜太夸张，以至于矫揉造作；也不宜呆板，以至于平淡乏味；更不宜错位，对悲伤内容做出欢快的表情，或对喜庆的事件做出严厉的表情。正确的表情应该是与演讲内容相协调，使演讲显得自然、亲切、生动，喜则神采飞扬，怒则怒目而视，哀则眉头紧蹙，乐则笑逐颜开。这样听众才能从演讲者的表情中，感受到演讲的内容。

在演讲的过程中，眼神的运用也很重要。通常运用眼神的方法有前视法、环视法、点视法、虚视法等。前视法即演讲者目光向前，面对前方观众发表演讲，以便有利于演讲者保持庄重的姿态，选择传达信息的主要方向。环视法要求演讲者的目光环视全场，以便于控制会场气氛，调动全场观众的情绪。点视法指有重点地选择不同方向的几个点，与反响强烈的观众实现情感交流，达到“他在向我演讲”的现场效果。虚视法则是在表达憧憬、回忆等想象性内容时，目光投向远方，引导观众进入演讲者所营造的氛围之中。

演讲者应该注意自己的站姿。如果驼背缩首，搔头弄耳，或手足无措，无精打采，都会影响演讲的效果。演讲的正确站姿应当是：站稳脚根，昂首挺胸，脚或者呈微八字叉开状自然站立，或采取丁字步站法，两腿应并拢。手可自然下垂于体侧两旁，亦可交叉放于胸前，也可以双手微握搁置于胸前。这种优雅的站姿不仅令人赏心悦目，也是演讲者自信心充足的表现。

演讲到了高潮的时候，有时需要手势来表达演讲者的情绪。而手势有表情达意的情意手势，有摹形状物的形象手势，有指点方向的指示手势，有表达特定含义的象征手势。手势应自然、大方，要与演讲内容协调一致，其幅度、方向要根据演讲者的情感和现场气氛而自然选择，不可过多或过于夸张，这样会使听众感到滑稽，也有矫揉造作之嫌。

要想用情绪感染听众，演讲者首先要让把自己的情绪控制在一个适当的程度。紧张是演讲者最容易遇到的情绪障碍，因此在写好演讲稿、熟悉讲稿、适当讲练等准备工作的基础上，还得打一次心理上的攻坚战，去除登台前焦虑紧张的情绪。这种紧张情绪大多数人都会有，而且也是一种正常的反应。但这种压力如果太强大，如果得不到缓解，势必严重威胁演讲的成功。

情绪是控制情绪本身的重要手段，其中“欲望”、“信念”、“优势”三个因素很重要。因为，欲望就是要取得成功的意念，而信念就是笃信自己要讲的思想观点是正确的，所用的材料是真实生动的，这优势就是多想想自己独具的有利因素。著名作家萧伯纳（George Bernard Shaw）谈到自己从一个胆怯的人变成成功的演说家时说：“我是以自己学会溜冰的方法来做的——我固执地一个劲儿地让自己出丑，直至我可以习以为常。”所以，演讲时一定要排除一切不利的心理因素，轻装上阵，方可克敌制胜。

如何准备一场演讲

在进行一件事的行动之前，要先做好准备工作。1895 年在佐治亚州首府亚特兰大发表经典演说《亚特兰大种族和解声明（*Atlanta Compromise*）》的教育家、黑人运动领袖布克·华盛顿（Booker T. Washington）说：“除非一个演讲者在内心深处，深深感到有一个信息要表达，否则我就不相信他将演讲。”演讲首先要有动机和需要，才会促使演讲者认真酝酿，仔细策划演讲时的发言。

演讲时，首先要明确“为什么说”。演讲的内容要有一个明确的中心，才能给听众留下清晰而深刻的印象。因此，必须注意从思考过的众多观点中选择出最能体现讲话宗旨的观点作为中心话题。而后围绕这一中心展开阐述，所有的论点和材料都必须为这个中心议题服务。信口开河是演讲者的大忌。许多人演讲时常常忽视这一点，以为只要说起来滔滔不绝就是有口才。其实，这种观点是错误的。因为，健谈并不等于有口才，如果演讲者开始就喋喋不休，反倒令人生厌。

准备演讲的第二步是寻找合适的材料。演讲时提出的观点必须有充分的材料支持，这样演讲才会言之有物，选择话题必须考虑听众的兴趣。在演讲前，应先了解自己的听众，掌握他们的思想活动、文化程度、职业状况、兴趣爱好等基本情况，抓住他们普遍关心的问题，真正做到有的放矢。戴尔·卡耐基（Dale Carnegie）曾对此作过一番调查，那些亲身体验或最熟悉的事情往往是最有发言权的话题，那些不了解、不熟悉的东西是讲不好的。在讲台上要知道多少讲多少，不要不懂装懂，甚至冒充内行，否则会闹笑话。

演讲要论证严密，说理透彻，要让材料与观点的组合产生一种不可辩驳的逻辑力量。演讲最忌讳老生常谈，没有个人意见。同时，演讲所阐发的思想观点，要在人们现有的知识、认识水平和认识方法上有所突破创新，或新颖，或深刻，或独到别致，总要给人以启发教益。单纯追求演技而内容空泛的演讲，只会给人留下无病呻吟或哗众取宠的印象。演讲所选的各种材料，既应该是新鲜、有用的，又应该是典型的、有力的，最能说明问题的。材料一要充分，既要有情节生动、感人的故事、传说还要有详实的图表、数字、图画；二要确凿，各种用以说明问题的材料，不能总是“大概”、“估计”，而是要确实、肯定。材料能否发挥它应有的作用，在很大程度上，取决于材料与观点的结合。如果材料与观点结合完美，那么你先在内容上胜人一筹。

演讲的正文部分要主次分明，层次井然，逻辑性强。另一方面，又要围绕重点，设法形成几个高潮，造成一种波澜起伏的气势。这样既能使听众得到愉悦或享受，又能抓住听众的注意，使他们处于一种“欲罢不能”的良好的“听一知状态”（listen—perceptual），从而让演讲顺利地进行。

演讲的正文，要做到条理清楚，波澜起伏，关键是要安排好正文的结构。常见的正文结构方式，有以下几种：

（1）递进式（progressive）：即一层深入一层地阐明问题，逐步把道理讲清楚。它可以由表到里，由浅入深，也可以由小及大，由少及多。要求既符合客观事物的发展规律，又符合听众的认识规律。这种方式，往往思维严谨，结构缜密，具有较强的逻辑力量。

（2）并列式（apposition）：即把所要演讲的几个主要问题排列起来，一个一个地阐述。

（3）总分式（sum—separate）：即总的提出观点或主张，然后分别加以阐述。或者反过来，先分别阐述问题，然后再归纳总结。在总分式结构中，分的部分，往往就是一个并列式结构。

（4）对比式（contrast）：即运用比较法阐明问题。它可以是正反对比，或新旧对比；也可以是时间对比，或空间对比；还可以是问题的性质与类型对比，等等。这一方式便于突出正面观点或主要问题。

以上方式，最好是综合使用。或以一种方式为主，其他为辅，或总体上使用某一种，局部使用另外几种。

演讲语言与日常口语不同，它更加精炼、优美、生动、规范。演讲语言注重“讲”，因而朴素、明快、简洁。书面语当中的破折号、冒号，在口语中常变为判断词“是”、“就是”。与书面语相比较，演讲语言的语气词较多，显得亲切自然，具有鼓动性。要使演讲语言富有文采，必须讲究修辞。恰当地使用修辞手法，是美化语言的重要途径。比喻、拟人、排比、夸张、引用、设问等修辞手法，可以增强语言的表现功能，提高语言的审美价值，达到诗情、画意、哲理融为一体的境界。此外，在词语、句子、句群、段落之间，也要注意思维与情感的逻辑性，避免颠三倒四，冗长拖沓。

据研究表明，演说开始 20 分钟之后，一般人的注意力开始下降，1 个小时以后注意力急剧下降，所以演说者要考虑到听众注意力的持久性。因此，在准备演说时，要尽量把自己的演说压缩到最短时间，在听众开始听讲时注意力非常集中的时间里，把自己所要讲的话都讲完，以取得演说的最大效果。

亚伯拉罕·林肯（Abraham Lincoln）在 1863 年 11 月 19 日葛底斯堡国家公墓（Gettysburg National Cemetery）揭幕式中发表的《葛底斯堡演说（*Gettysburg Address*）》已经成为历史上最著名的演讲之一。在林肯发表演说前，著名演说家爱德华·艾佛瑞特（Edward Everett）已经花了两个小时发表了一篇一万多字的演讲，在场一万多听众已经不耐烦了。相比之下，林肯这篇只有 10 句话、272 个字，总长度不到三分钟的演讲才会获得空前的成功。第二天，艾佛瑞特就写信给林肯，说："若我能满意于自己在两小时内趋近盛典的主要构想，一如阁下于两分钟内道破者，我当十分庆幸。"

准备好一份合适的讲稿，就要在演讲前尽可能地熟悉它。熟悉讲稿是演讲者必须做的一件事，但也并非像人们想象的那样需要死记硬背。逐字逐句地记诵总是弊多利少，甚至可能导致演讲失败。

人平时说话都是自然的，一般不用费心细想言辞。我们随时都在思考，等到思想明澈时，言语就会如同我们呼吸的空气一样，不知不觉地自然流出。如果不善于掌握熟悉演讲稿的技巧，一心只背讲稿，总想着下一句是什么，紧张时就会卡壳。即使能从头背到尾，整个过程也会平淡无奇，因为演讲者根本没有心力照顾听众的情绪。

20 世纪 30 年代，哥伦比亚广播公司（CBS）资深的新闻评论家卡腾波恩（Hans von Kaltenborn）也是哈佛的校友。他在哈佛时曾参加过一次演讲竞赛，为了获胜，他把讲稿逐字背诵，练习了很久。但在比赛那天，他说出了题目之后，脑子里便一片空白，顿时不知所措。在绝望之后，卡腾波恩尝试着用自己的话叙述故事。当评审把一等奖颁给他的时候，他惊讶万分。从那天起，他便不曾背诵过一篇讲稿，通常他只做些笔记，然后自然地对听众"说话"（"talks"）。

如果逐字逐句地背诵讲稿，演讲者就只是在应付记忆，讲起来会显得机械生硬，不容易引起听众的共鸣。林肯曾说过："我不喜欢听刀削式的、枯燥无味的演讲。当我听人演讲时，我喜欢看他表现得像在跟蜜蜂搏斗似的。"在背诵和回想演讲稿时，是绝不会达到这种效果的。演讲者在准备演讲的过程中，应当在自己的生活背景中搜寻有意义、有人生内涵的经验，并据此深化题目，让演讲的内容更为丰富和生动。如果把生活经验融入演讲的内容之中，演讲者就不需要背诵，能自然而然地表达出来。

如何应对没有准备的演讲

有的时候，演讲者要在完全没有准备的情况下发表演讲，这是更为严苛的考验。即兴演讲往往能锻炼一个人的临场反应能力，把握每次即兴演讲是对个人反应能力的锻炼，会让演讲者表现得更为灵活。

即兴演讲（impromptus speech）通常出现在会议或者学术讨论会上，

法庭上的即兴发言也属于即兴演讲的一种。而这些演讲或者发言都有一个特点，都是被动性的发言。也就是说这种发言或者演讲是在没有准备的情况下发生的。那么面对这种情况，演讲者应该如何对应呢？

比较有利的一面是，即兴演讲一般都受到发问内容或主题的限定。因此，就内容范围来讲是容易把握的。这种答复式的演讲，应当将所需回答的问题，做条理清楚、内容完整而又是非曲直分明的阐述就可以了。如是学术上的答辩或解释，就将观点或研究成果，用科学的方法加以论述或阐明，倘若遇到深奥艰涩难懂的问题，可用浅显易懂的形象性的语言加以说明。这样便能将你所答的问题说得明明白白了。如果是被人质疑，那就将疑点所在，做出符合事实和理由充分的回答。如果是法庭上的答辩，就将所涉及问题的时间、地点、在场人、事实的经过等加以阐明，或陈述申辩理由。

无论参加什么会议，都要始终保持全神贯注。要掌握会议的主题、讨论的具体题目、争论的焦点，有很强的警觉和思想准备。一旦收到演讲的邀请，也不会心慌意乱。有了思想准备，还必须寻找一个好的话题，而准确的话题，来源于对会议有关情况的熟悉与掌握。要注意在什么时间、什么场合，对谁讲话。

确立了话题，就要紧扣话题精心组织材料进行论证。即兴演讲无法在事先做充分准备，完全依靠即兴抓取材料，其来源一是平时的知识积累，二是眼前的人和事，又应以后者为主。如过多的引用间接材料，往往失掉即兴演讲的现实感和针对性，起不了应有的作用，只有多联系现场的人和事，才能紧紧抓住听众的注意力。

即兴演讲多是在激动的场合下进行的，没有人愿意听长篇大论，因此即兴演讲必须短小精悍。短小，指篇幅而言；精悍，指内容而言。即兴演讲不能像命题演讲那样讲究布局谋篇，但也要结构合理，详略得当，要有快节奏风格和一气呵成的气势，切忌颠三倒四，离题万里，拖泥带水，重复拉杂。要在短时间内把演讲的腹稿组织得较完善，通常的准备方法是“点分布法”。“点”可以是一个很有感情色彩的事例，一句幽默风趣的话，一位伟人或者哲人的警句，所要阐述观点的核心词语等。然后就要马上考虑这些“点”之间的联系，围绕着主题，将其分布在恰当的位置上，最后连贯成文。

另外一个需要发挥演讲者应变能力的领域，是应对听众的反应。听众的反应是衡量演讲成功与否的重要标准。不同的演讲会产生不同的听众效果。一个出色的演讲者，面对听众各种不同的反应，都要沉着而机智地应对，要表现得从容不迫，才能使演讲达到圆满的成功。

在听众反应中，比较容易应对的是善意反应（amiable reaction）。在听众人数比较多，气氛比较活跃的演讲现场，比如竞选演说、战前动员，会有听众表达支持的意见，如热烈鼓掌、高呼：“说得好！”甚至所有听众一起高呼：“万岁！”或者演讲者讲笑话，听众哈哈大笑；演讲者讲述悲哀的故事，听众潸然落泪，这些都是善意的反应。善意反应说明演讲者引导听众产生共鸣的目的已经达到，这时应该对听众的善意反应做出适当的回应，表现出自己的共情（empathy）能力，让听众与演讲者的情绪互相激荡，最终达到高潮。有时，演讲者会安排助手扮演听众，刻意做出善意反应，借以影响其他听众的情绪。

与善意反应相比，如何应对听众的恶意反应（unamiable reaction）是对演讲者演讲能力的重大考验。恶意反应分为两种情况，一种是故意对演讲者进行攻击，另一种是对演讲内容不满而表示反对。

对于前者，如果恶意反应不是很激烈，没有引起其他听众的过多注意，就应当置之不理，把对方搁置起来。演讲者对听众来说具有一定的客观优势，比如所站的位置醒目突出，又有扩音器等辅助器具，很容易压倒个别的捣乱者。另一方面，对于那些故意捣乱的人，认真的听众也一样会产生反感，这时演讲者就能利用这一优势压制恶意反应。不要和捣乱的人争执，可以有礼貌地请他等到演讲之后再说。如果演讲者很自信，还可以说个笑话让对方闭嘴，但让这样做一定要谨慎。如果并不擅长说笑话，那就不要冒这个险。如果听众抱有很大的敌意，或者行为不当，那么就向演讲的组织者求助。

个别的听众比较容易对付，那么当大多数听众都不满意这场演讲，甚至全场都希望演讲者闭嘴时，该如何应对呢？这时只需按照正常状态演讲就行了，一定不要因为听众不喜欢就匆忙改变原来准备好的演讲，这样情况只会更糟。可以缩短演讲时间，迅速进入问答环节。如果听众愿意提问，哪怕是怀有恶意的，也可以帮助演讲者找出问题所在，将为演讲主体准备的材料转到问答环节来阐释。

为了更好地应对听众的恶意反应，应当尽量提前到达现场，这样就可以和一部分听众交谈，大致了解这些听众的情况，针对演讲做一些调整。也可以主动问组织者："最近发生了什么需要我注意的事情吗？"

恶意反应并不是最麻烦的境况，最令演讲者尴尬的是无反应（non—reaction）。也就是说，听众完全不理解演讲者，对演讲无动于衷。这种局面的出现，基本缘由就在于演讲者没有吸引力。

在遇到听众无反应时，演讲者可以临时变换话题，以吸引听众的注意力。在公众演讲的场合，难免会遇到听众心不在焉、窃窃私语，会让现场显得嘈杂混乱。一般的演讲者遇到这种情况，会提高声调，试图压制场下的混乱，但这样做往往会让演讲变得声嘶力竭、失去魅力，反而得不偿失。正确的做法是通过制造悬念，激发听众的兴趣。好的悬念不仅能够使演讲者再度成为听众注目的中心，而且能够活跃现场气氛，激发听众聆听与参与的兴趣。因此，在演讲中制造悬念，可以有效地吸引听众的注意力，使演讲内含的信息和情感得以准确传达。如果演讲者能在出现冷场的情况下，适时地制造一两个悬念，确实是重新吸引听众注意力的非常有效的办法。日本昭和时代的政治家永井柳太郎（Ryutaro Nagai）有一个演讲秘诀：如果他发现听众中有所骚扰、不安宁甚至混乱时，绝不以提高声音去说服、去试着提醒他们，而是降低声音，甚至于完全沉默下来。听众看到他嘴唇仍在翕动着，像是呢喃细语，神色也显得庄重神秘，以为一定有了什么特别内容，可就是听不到他在讲什么，于是纷纷自觉地安静下来。这时永井就恢复了常态，继续滔滔不绝地演说。

应对听众的反应是对一个人应变能力的锻炼，也是演讲者的必备素质。无论是演讲、谈话，还是论辩，都是在与听众进行感情交流，信息传递。这就需要随时注意听众的变化，观察听众的表情，掌握听众的情绪，并要根据听众的反馈，及时调整我们演讲、谈话、论辩的内容和角度，把听众不愿听而我们又打算讲的东西删掉，加进一些听众感兴趣的内容，这没有较强的应变能力是做不到的。

扩展阅读

Stephen E. Lucas
The Art of Public Speaking

Em Griffin
A First Look at Communication Theory

Jo Sprague，Douglas Stuart & David Bodary

The Speaker’s Handbook

Jerry Weissman

Presenting To Win：The Art Of Telling Your Story

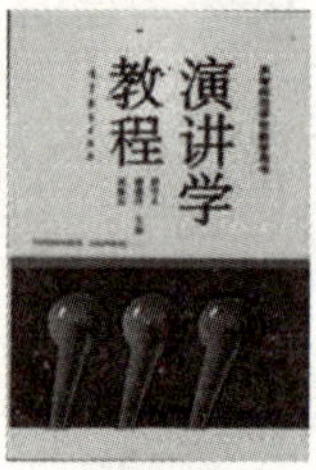

邵守义 谢盛圻 高振远

演讲学教程

课程 07 领导力

课程名称 成为领袖 | ***Becoming a Leader***

主　　讲 **David R. Gergen** | 哈佛大学肯尼迪学院公共管理学教授，公共领袖研究中心主任，资深政治评论家，两任美国总统联络事务主管

课程简介

这门课不可能凭一己之力创造领袖，但它可以通过对过去的重要领袖人生活的研究和借鉴领袖文献，帮助学生理解别人和自己前进的道路。研究领域包括：野心的作用、实现自我意识和自我控制、寻找真正的人生方向、性格锻造、培养情商和移情、超越天分、职业生涯规划、排除性别障碍、实现自我更新以及如何在网络社会取得领先。本课程采取宣讲的形式但是鼓励交谈，并期望学生能进行额外的研讨会或户外演说。

怎样成为领袖

拿破仑（Napoleon Bonaparte）曾说过："不想当将军的士兵不是好士兵。"一个人如果没有领导他人的意愿，只是满足于做一名追随者，那么何以成为优秀的领袖呢？换句话说，在成为领袖之前，必须确定自己有没有强烈的"成为领袖"的欲望。

欲望，在心理学上称为"需要"（need），它是人脑对生理需求和社会需求的反映，是个体心理活动和行为的基本动力。需要和人的活动紧密联系，是行为积极性的源泉，正是这样或那样的需要推动着人积极地活动。比如饥饿时寻找食物，孤独时寻找伙伴，都是在相应需要的推动下进行的。

根据亚伯拉罕·马斯洛（Abraham Maslow）的需求层次理论（hierarchy of needs），人类有五种基本需要，按优势出现的先后或力量的强弱排列成等级，分别是生理需要（physiological needs）、安全需要（safety needs）、归属和爱的需要（love and belonging needs）、尊重需要（esteem needs）和自我实现的需要（self－actualization）。只有低级需要得到基本满足后，才会出现高一级的需要，只有前面几种需要相继得到满足，才会出现自我实现的需要。随着需要层次的上升，需要的力量相应减弱，产生欲望的强烈程度就会随之降低。对大多人而言，略微超出归属和爱的需要已经足以满足心理需求，而要成为领袖，至少要有超出尊重需要的心理需求。

换句话说，要想成为领袖，就要有足够的野心，心理学称之为成就动机（achievement motivation）。成就动机是个体追求自认为重要的有价值的工作，并使之达到完美状态的动机，即一种以高标准要求自己力求取得活动成功为目标的动机。高成就需求者有三个主要特点：

（1）喜欢设立具有适度挑战性的目标，不喜欢凭运气获得的成功，不喜欢接受那些在他们看来特别容易或特别困难的工作任务。

（2）在选择目标时会回避过分的难度。

（3）喜欢多少能立即给予反馈的任务。

高成就需求者不满足随波逐流和随遇而安，而总是想有所作为。他们总是精心选择自己的目标，很少被动地接受别人为其选定目标。除了请教能提供所需技术的专家外，他们不喜欢寻求别人的帮助。敢于冒险是所有具有领袖气质者共同的特点。英国小说家马里亚特（Frederick Marryat）说："除非你亲自尝试一下，否则你永远不知道你能够做什么。"当遇到严峻形势时，人们习惯的做法是小心谨慎，保全自己。不是考虑怎样发挥自己的潜力，而是把注意力集中在怎样才能缩小自己的损失上，这种人的结果大都会以失败而告终。任何领域的领袖人物，他们之所以能够成为顶尖人物，正是由于他们勇于面对风险。

但是冒险不等于蛮干。勇于冒险不同于赌博，不等于碰运气，它是积极主动的进取，而非不管结果如何先做起来再说。成功的领导者往往是合理的生涯规划的产物。

生涯（career）是个人通过从事工作所创造出的一个有目的的、延续一定时间的生活模式。简单来说，生涯规划（career planning）就是对影响我们生涯发展的经济、社会、心理、教育、生理等各种因素的选择和创造。它通常建立在个体对自我全面、深刻的认识的基础之上，需要结合职业发展的一般性特点。

生涯并不是个人在某一时段所拥有的职位与角色，生涯的发展是一生当中连续不断的过程。生涯概括了一个人一生中所拥有的各种职位、角色，因此，生涯不是个人在某一阶段所特有的，而是终身发展的过程。每个人的生涯发展是独一无二的。生涯是个人依据他的人生理想，为了自我实现而逐渐展开的一种独特的生命历程，不同的个体有不同的生涯，也许某些人在生涯的形态上有相似的地方，但其实质却可能是完全不同的。人是生涯的主动塑造者。生涯是一动态发展历程，每个人在不同的生命阶段中会有不同的企求，这些企求会不断地变化与发展，个体也就不断地成长。生涯是以个人事业角色的发展为主，也包括了其他与工作有关的角色。生涯并不是个人在某一阶段所拥有的职位、角色，而是个人在他一生中所拥有的所有职位、角色的总和，这个总和不只局限个人的职业角色，也包括学生、子女、父母、公民等涵盖人生整体发展的各个层面的各种角色。

尊重（respect）、机智（resourcefulness）、责任心（responsibility）被认为是领导者的三种基本特性，领袖的桂冠总落在这种人头上。很多政治领袖从小就能表现出领袖气质，比如亚西尔·阿拉法特（Yasser Arafat）。阿拉法特小时候就是个“孩子王”，他放学之后经常把小伙伴们集中起来进行操练，手里拿着一根指挥棒向他们发布命令。“训练”结束后，阿拉法特还把大姐给他的糖果分给小伙伴们吃。虽然他学的是土木工程专业，但是始终没有放弃政治工作。23 岁的时候，他成为巴勒斯坦学生联合会主席。30 岁时，他成立了巴勒斯坦民族解放运动“法塔赫”（FATAH），致力于巴勒斯坦建国并成为巴勒斯坦建国后的首位总统。

人的一生从婴儿到老年是一个完整的心理周期：30 岁以下为自我发现期，30～40 岁之间为自我培养期，40～50 岁之间为自我实践期，50 岁以上为自我完成期。不同阶段会有不同的人生任务和心理特点。生涯规划的重点在于找出个人目标内的机会，达成更好的组合，强调提供心理上的成功。在整个生涯历程中，因为年龄及成长阶段、环境等的不同，所扮演的角色及所担负的任务也会有所改变。因此，在拟定生涯规划时，必须审慎而周到地考虑到每个阶段的需要。

领袖必备的心理素质

作为一名领导者，必须拥有优秀的心理素质。心理素质是人的整体素质的组成部分，包括人的认识能力、情绪和情感品质、意志品质、气质和性格等个性品质诸方面。那么，作为一名合格的领袖，应该拥有哪些必备的心理素质呢？

作为一名领袖，首先必须拥有良好的认知品质（cognition quality）。良好的认知心理品质是了解情况、获得信息、正确决策的基础。为此，领袖必须具有良好的观察、记忆、想象和思维等心理品质。

观察（observation）是从一定目的和任务出发，有计划、有组织地对某一对象的知觉过程。这是一项能动的、积极的感知活动，它不限于知觉，而是在思维和语言的参与下进行的，是一种“思维的知觉”。观察敏锐，才能及时捕捉多种信息；观察准确，才能获得正确的信息；观察全面，才能保证信息的完整性；观察深刻，才能把握信息的本质，从而及时、准确地为决策提供可靠的依据。记忆（memory）是信息的输入、贮存、编码和提取过程。记忆的准确性和记忆的备用性是两项极为重要的记忆品质。记忆的准确性使信息得以准确无误地贮存，记忆的备用性使领袖的决策和其他领导活动所需要的信息能及时地提取出来，从而保证领导活动的顺利进行。想象（imagine）是人的心理活动中的创造性因素。丰富的想象力使领袖能对所获取的信息，从各个角度、各个侧面进行加工、改组，产生丰富的联想，形成各种新颖独特的决策构想和领导方案。思维能力（ideation）是智力结构的核心，是认知中最为复杂的心理活动。思维对客观事物的反映不是凭感官直接把握，而是借助于媒介和头脑的思维加工实现的，它所反映的不是客观事物的现象和个别属性，而是其本质属性和规律性。思维过程是由分析与综合、比较与分类、抽象概括与具体化等环节有机地构成的，这个过程贯穿于领袖发现问题、研究问题和解决问题的复杂的脑力劳动过程中。凡是在事业上有成就的人，身上都具有这些品质，特别是在他们分析问题、解决问题的实践中得到了充分的体现。

其次，领袖必须要有很强的全局观念（overall viewpoint），作为组织的领导者，他的活动是社会目标体系中的活动，是各种大目标和各种小目标之间的高度的内在统一性和发展的协调性的结合。因此，领袖的行动要以大局为重，必须着眼于全局，要看到大环境、大趋势和自我整体态势。在处理问题时要高屋建瓴、高瞻远瞩，不局限于微薄小利的得失。一个组织、一个企业的各种不同层次的职能部门要为实现共同的组织目标而有效地运转，这就要求领袖有较高的组织能力（organizational capabilities），正确处理好各个追随者之间的关系，使之成为一个相互配合的有机整体。一个决策做出之后，领袖就要善于组织并激励追随者为实现目标而努力实践。善于授权分工，明确责任；善于统筹兼顾，全面安排；善于综合人力、物力、财力，协调、沟通人与人之间的关系，从而运筹各方，使整个工作步步衔接，有序运转。

创新精神（innovation）也是领袖不可缺少的心理素质。领袖的出现往往是在组织需要变革的时候，必须面对新问题、新情况。能否打破陈规旧俗和一切束缚人们前进的旧传统、旧观念，能否适应新情况、解决新问题，是决定领导者能否客观有效领导的一个重要问题。具有开拓创新精神是对领袖的基本要求。

另外，作为一名领袖，还要有坚强的意志、不屈的毅力、非凡的胆略、宽阔的胸怀以及敢于负责的精神。坚强的意志包括主动性和独立性、目的性和自觉性、坚定性和果断性、坚韧性和顽强性、沉着性和自制力及自信心等基本品质。领袖的意志主要体现为领袖的魄力，能自觉地确定目标并支配其行动，以顽强的坚韧性实现预定的目标。领袖的心理品质应该表现为热情忠厚、与人为善、大公无私、坦率耿直、虚心谦逊、严于律己。既敢于批评别人，也勇于自我剖析；既能顾全大局，有时还要委曲求全；既要敢于负责，又能主动承担责任；既要有胆略不断进取，也懂得进退自如，不盲目蛮干。

当机立断的魄力是领袖胆量和见识的综合表现，也是时代强者的表现。在竞争激烈的今天，领袖面临着许多新问题，必然要应用他的知识和智慧，综观全局，把握时机，作出抉择，这就是当机立断的魄力。如果优柔寡断，就会错过良机。要做到这一点，首先要敏捷而准确地发现问题的症结；其次，通过现象把握本质，权衡利弊得失；最后认准目标，当机立断。

一名领袖要充分发挥自己的才能，会受到各方面因素的制约，性格是其中的重要因素。性格是区别于他人的、鲜明的个性特点，是个人主要的、稳定而长久的个性特征。性格和能力是个性心理特征的两个主要方面，它们相互联系，有着共同的心理基础。当心理个别差异在心理过程中表现出来影响活动效率时，一般表现为能力；当它在行为活动中表现出来影响行为方式时，一般表现为性格。而行为方式和活动效率又是密切联系的，因此性格对能力的发挥有着重要的影响。反之，领袖性格的缺陷往往会制约其才能的充分发挥。

比如说，性格拘谨多虑，行事瞻前顾后，容易影响领袖的决断力。这种性格缺陷对领袖决断力的影响有两方面：首先，它影响领袖对目标的选择；其次，它影响领袖对这一目标的完成。拘谨多虑的性格缺陷会使人思前想后，犹豫不定，不能果断地处理问题，从而坐失良机，导致目标难以实现，给组织带来损失。

意志软弱、怯懦自卑的人也难以成为领袖。领袖如果没有超乎一般人的坚强意志，没有自信心，是难以妥善处理好各种矛盾的。意志软弱的人在困难面前的畏难退让，使得他们难以实现确立的目标。因而，尽管他们不断为自己确定了不少宏伟的目标，并且自身经常闪现出一些令人目眩的创造力，但终究在困难面前退缩不前。

还有的领袖心胸狭隘、固执偏见，这会影响他们选才用人的能力。选才用人是领导者一项重要职能，实际上是领袖借用他人力量使自己智力得以延伸、能力得以延长、精力得以补充的过程。心胸狭隘的人总怕别人超过自己，危及自身的地位和声誉，因而对别人的成绩总是耿耿于怀，不能容忍。一方面他们好用自己习惯的思维方法和行为方式去评判别人，从而把某一方面的缺点人为地扩大，造成选才标准的无限拔高；另一方面，又嫉贤妒能，宁愿用能力平平者，造成实际用人标准的降低。这种性格缺陷造成领袖对选才用人的态度怠慢，在实际工作中，一些有能力的领导者总是因此失去应有的凝聚力。

自制力薄弱、心绪不定的缺点则会影响领袖的组织协调能力。目标的实现要通过领导者对组织成员的组织协调。如果领袖自制能力差、情绪波动大，就会造成团队发展不稳定，还会造成团队内部各部门因领袖的好恶影响而发展不平衡。这种情绪也会影响个别追随者的积极性。

提升领导魅力

无疑，亚伯拉罕·林肯（Abraham Lincoln）是美国历史上最伟大的总统之一，但是论及个人魅力，就连华盛顿（George Washington）和罗斯福（Franklin D. Roosevelt）都无法与之比肩。只要数一下各位总统有多少逸事在民间流传，就可以得出这个结论。

事实上，林肯是美国总统由古典政治家（statesman）向现代职业政客（politician）转变的标志性人物。他没有显赫的家世，没有值得夸耀的学历和功绩，甚至长得还很丑，他之所以能够赢得选举，依靠的就是个人魅力。

20世纪初，马克斯·韦伯（Max Weber）提出魅力（charisma）这一概念，意指领袖对追随者的一种天然的吸引力、感染力和影响力。在分析组织性质时，韦伯根据组织发挥功能时依赖的类型，认为存在法理型（rational－legal）、传统型（tradition）、魅力型三种类型。魅力型领袖是以个人性格为依据进行领导的。韦伯将魅力描述为："那些领袖展示了一项卓越的使命或行为过程，它们自身不能对潜在的追随者产生影响，但是正因为追随者认为他们的领袖具有特殊的天赋，所以该项使命或行为才能得以进行。"

具有超凡魅力的领袖拥有极大的影响力、强大的自信心和支配力，以及对于信念和道德的坚定性，他们往往能够提出富有想象力的更远大的目标，他的所作所为给下属很大的感染力，能够赢得下属的支持，下属认为跟随这样的领袖是正确的选择。罗伯特·豪斯（Robert J. House）认为，魅力型领袖有三项特质：

（1）预见性。良好的洞察力和眼光，订立远大的目标，并且用积极行动让下属学习怎样达到这些目标。

（2）充满活力。以个人对工作的投入、对自己信仰的坚定信念和高度的自信心来推动下属的工作。

（3）赋予下级能力。如表现出对他们的支持，了解他们和对他们有信心。

博阿斯·沙米尔（Boas Shamir）在考虑了人的动机之后，更详细地描述了领袖对追随者的影响过程，提出了魅力型领袖的自我概念理论（self－concept theory）。该理论集中于解释与魅力型领袖相关的具有代表性的深层次动机，认为追随者的自我概念是对这些动机的最好解释。自我概念理论基于自我概念的激励意义假设，解释魅力型领袖如何使下属与动机相联系的自我概念发生作用，认为领袖能够影响追随者的最重要来源是社会认同、内在化以及个人的集体认同感。其核心是魅力型领袖通过角色模范和框架线，影响追随者的自我概念而对其进行激励，可以概括为四种典型的领袖行为：改变追随者对工作性质的认知；提出一个有诉求力的愿景；在追随者中培养一种深层次的集体认同感；提高个人和集体的自我效能。

魅力型领袖理论认为，下属在观察领袖的行为时，总将其原因归结为伟人式的或超凡卓越的领导能力，而领袖正是通过调动其追随者情感上对组织愿景（corporate vision）与共同价值观强烈的忠诚来激励并领导他们。通过自身的能力帮助下属提高他们对工作的重要性和价值的认识，从而使下属转变观念。“如果老板需要，我愿赴汤蹈火”，这就是领袖魅力的体现。

魅力是领袖能力的最高境界，它通过与他人在身体上、情感上以及理智上的相互接触，从而对他人产生积极的影响。领导者一旦拥有了超凡的个人魅力，必然会拥有众多的追随者，这便是具有一定领导能力的外在表现，领袖魅力间接影响领导能力的表现。

领袖魅力有助于团结下属，下属们如果受到某个有魅力的领导者的吸引，就会产生积极的情绪反应，这种情绪反应与人们对美丽的景色、一张美丽的照片或者对着那些公认美好的事物所做出的反应是一样的。魅力能够增强领导效果，会使领袖在领导位置上的工作变得更加有效，能激励别人认同其观点并帮助他实施他的计划。这是魅力所起的积极作用。

与领袖魅力有关的因素包括领袖的超凡素质、领袖与追随者的特殊关系、情境等。领袖魅力不仅是指一个人具有某些超群的特征，它还包括一个社会过程，是各种因素复杂地相互作用的产物。

领袖的魅力是多种因素的综合体。领袖自身的因素包括领袖的目标愿景、修辞技能、形象与信任的构建、个人化的领袖等；追随者的因素包括对领袖和愿景的认同、提高情绪层次、自愿从属于领袖、对参与的感觉；情境因素包括危机、任务的相互依赖性等。其中危机往往起着重要的作用，没有危机，激进的愿景不可能对追随者具有吸引力，没有激进的愿景，具有独特品质的人可能会是个具有感召力的人，但不一定会成为魅力型领袖。

伯纳德·巴斯（Bernard M. Bass）指出，当团体或组织发生持续性危机时，魅力型领袖便容易兴起，即所谓“乱世出英雄”。魅力型领袖的人格特质为自信与自尊、自主、转化的能力、解决内在冲突的能力。巴斯模型的核心思想在于，认为魅力型领袖能够激励追随者承诺并实现超期望绩效。在这里，影响机制主要涉及三个过程：一是领袖强化追随者关于愿景重要性和价值的认识，二是领袖引导追随者为了集体的利益和目标而超越个人私利，三是领袖激发并满足追随者的高层次需要。

换句话说，魅力是指领袖通过自己的行为、信念和个性，对追随者的信念、价值观、行为及绩效产生广泛而深刻的影响的能力。或者说，魅力是一种关系，而不是领袖的个人素质，因为魅力只有在追随者的认可下才存在，或者需要追随者以特殊的行为来证明。但是，领袖的素质有利于魅力的形成，领袖魅力对追随者的有效性，实际是组织任务的情景与领袖素质特征相互关联、相互作用的过程。魅力型领袖的产生是个人特征与情境因素结合的结果，因而魅力在本质上是不稳定的，对组织的持续发展而言，魅力型领袖必须转化为制度模式才能取得长时间的高效。

那么，如何在具体情景中使追随者确信领袖的魅力呢？杰伊·康格尔（Jay A. Conger）提出了打造魅力型领袖的四阶段模型。

（1）首先对环境作持续评估，形成愿景。

（2）运用动听的、说服性的语言和组织成员进行愿景沟通。

（3）构建组织成员的信任和忠诚。追随者出于自愿、而非被强迫地支持领袖实现愿景。领袖进而构建组织成员对他本人及目标愿景的信任和信心。做到这一步，需要领袖的冒险精神、非传统的知识和经验以及自我牺牲。

（4）实现愿景。

另一方面，领袖魅力不一定带来积极的结果，能够成就组织，也能够毁灭组织。甘地（Mahatma Gandhi）与希特勒（Adolf Hitler）同样都是非常典型的魅力型领袖，但他们对社会的影响却大相径庭。作为魅力型领袖，身边聚集的都是"心甘情愿的唯命是从者"，日常月久，容易使领袖对他人缺乏敏感，陷入自我陶醉、忽略现实、缺乏责任感的泥潭。如果内在道德约束不足，领袖魅力就会起反作用。这时，领袖的个人价值观就显得尤为重要。

增强应对危机的能力

如前所述，领袖的魅力往往在持续性危机时才能展现出来。事实上，在按部就班的进程中，人们并不需要追随领袖，充其量有一部分人担任协调管理的工作即可。只有处于危机之中，急需应对和变革的时候，领袖的作用才会充分发挥出来。比如欧内斯特·萨克里顿（Ernest Shackleton），这位探险家1915年第三次远征南极的时候手下只有27个人，任务还失败了，但这并不妨碍萨克里顿跻身世界最伟大领袖的行列，因为船只损毁后，萨克里顿在设备简陋的情况下，领导队员极地求生22个月，带领5人小组跋涉19天寻找救援，将全体队员带出险境。可以说没有出众的领袖魅力和领导能力，他是根本不可能应对这样的危机的。

可以说，面对危机和处理危机是每个领袖不可避免的挑战，如果不能向公众展示足够的危机处理能力，就根本不可能成为合格的领袖。

所谓危机领导（crisis leadership）是指领袖在危机状态下的活动。危机领导的任务是尽可能控制事态，把损失控制在一定范围内。

危机领导首先是一种管理活动。20世纪60年代初。在古巴导弹危机（Cuban Missile Crisis）的处理中，当时的国防部长麦克罗伯特·麦克纳马拉（Robert S. McNamara）创造出危机管理（Crisis Management）这个术语，即根据组织内外部环境的变化，分析和预测组织存在的潜在问题，评估有关问题对组织的影响，进行一系列的管理活动，把组织风险减少到最低限度。这些管理活动包括信息收集、规划决策、动态调整、化解处理、跟踪反馈的全过程。

危机事件的处理是有一定的顺序和程序的。首先要缓解危机带来的紧张气氛。不仅领导者与危机正面接触，很多参与者也与危机发生正面接触。领导者要充分掌握参与者的心态，缓解危机气氛，控制事态发展，从中发现事件起因和性质，最后找到解决问题的方法。在迅速控制事态以后，开始分析危机事件，并预测危机的下一步发展，做出相应的决策。决策必须针对表象及要害问题，达到立竿见影的效果。领导者在有限的条件下要做出的危机处理决策与通常的决策不同，要对决策后果风险进行预测和控制时，尽量避免波动的方案。

作为领导者，必须有掌控事态发展的能力。控制危机的发展趋势。

危机领导者如果不立刻做出正确反应并及时控制局势，就会使危机的发展愈发扩大，导致最后的全面崩溃。危机的突发性使领导者不可能像正常的情况一样实行领导决策，所以控制事态是危机管理的首要条件，只有控制住局势，才有时间和精力寻找到根本性的处理方法。快速从容的反应和果断的行动才可以使危机不再扩大和升级。

当发现危机后，最不可采取的方法就是任事态自由发展，消极对待。正如石油大亨保罗·盖蒂（Paul Gettey）所言："真正伟大的将军会镇定冷静地看待困境，他明白困境注定会不时地出现，他拒绝因此而垂头丧气、身心俱疲。"根据危机事件的性质，领导者应发挥其主观能动性，积极面对，控制局势。最好不要急于追究责任而错过处理危机的最佳时机。一旦组织陷入了困境，相关领导者首先要挺身而出，寻找危机产生的原因和解决办法，将被动变主动，化危机为转机。

危机事件一旦发生，极易出现人心散乱的危险局面。如何引导舆论、稳定人心便成为一项重要任务。许多管理学理论将危机管理修正为危机沟通管理（crisis communication management），原因就在于，加强信息的披露与公众的沟通，争取公众的谅解与支持是危机管理的基本对策。对正在发生的危机，领导者要第一时间赶赴现场，并给予相应的处理。还要快速建立一条信息通道与传播媒介或其他各类公众迅速沟通，尽快在信息发布上居于主动地位。

危机状态下的信息沟通首先要贯彻实事求是原则。头绪繁多、变化多端的突发性危机，往往会使人在混乱的表象前产生种种猜疑、误解，甚至会谣言四起，无序状态便会造成更大的混乱，使局势恶化。此时领导者必须本着实事求是的态度处理危机，统一指挥，主动向公众说明事实真相，才能使危机的负面影响减少，甚至逐步消除。遮遮掩掩只会欲盖弥彰，取得相反效果。如果外界产生了不信任感，就更会增加危机处理难度，影响组织形象。英国危机公关专家里杰斯特（Michael M. Regester）提出过危机状态下信息沟通的 3T 原则：

（1）以我为主提供情况（Tell You Own Tale）：强调组织牢牢掌握信息发布主动权；

（2）尽快提供情况（Tell It Fast）：强调危机处理时组织应该尽快不断地发布信息；

（3）提供全部情况（Tell It All）：强调信息发布全面、真实，而且必须实言相告。

另外，危机发生后，应当让组织内全体人员了解情况，掌握危机的性质、深度及影响，共同找出解决危机的方法，动员全体共同关注事态发展，发挥集体的智慧和力量共渡难关。要通过整合各方面的资源，确保一切可以动员和调动的因素都能够充分、适度地发挥其应有的作用。

任何危机事件，不论其性质、种类如何，都会对人们心理产生相当大的冲击与压力，从而使大部分人产生混乱的思想并处于焦躁和惶恐之中。所以，危机领导者首先要控制自己的情绪，冷静沉着。心理学认为，每个人都有遵从他人的心理趋向，只是因时间、地点的变化而表现的程度不同而已。人们越是在自己心里波动不定、价值选择目标不定的情况下，越容易产生趋同心理（convergence）。因此，领袖应以静制动，镇定自若。领袖沉着镇定，追随者才能觉得安全可靠，才能精神振作面对危机。危机的处理者同时需要控制组织外部成员的心理情绪，同时转移大众对危机事件的注意力。另外，要引导群众看到事件失去控制将最终可能出现的不良后果，使大多数人恢复理智。

作为领导者，不论能力与智慧如何卓越，都不可能完全控制危机的发展，但是无论在什么样的困境中，领导者首先要保持乐观积极的心态。领袖在危机中的自信与乐观可以感染追随者，促成控制危机事态发展的良好开端，从而逐步解决危机。

应对危机，要树立有备无患、居安思危的观念。杰克·韦尔奇(Jack Welch)曾说："预防还不是一门完美的科学，但它是你抵御危机的第一道防线。不要依赖痛苦的经验来增强你的免疫力——除非不得已而为之。"如果具有敏锐的洞察力，注重在平时收集信息，对可能发生的危机进行预测，并做好应对方案，就完全可以最大限度减少危机带来的损失，甚至避免危机的发生。

对任何组织来说，发生大大小小的危机几乎是在所难免，领导者越早意识到危机的存在，做到提前预防，就越容易降低危机发生的几率，越容易在危机发生过程中做出适当的决策，控制事态的发展。另外，作为组织的一般成员，如果提前预知了危机的可能性，在真正危机到来的时候就会在危机管理中脱颖而出，成为组织领袖。

扩展阅读

Richard Hughes, Robert Ginnett & Gordon Curphy

Leadership: Enhancing the Lessons of Experience

John C. Maxwell

The 21 Irrefutable Laws of Leadership

James M. Burns

Leadership

松下幸之助

领导的法则

余世维

领袖力：从领导到领袖必修的七种根性

课程 08　说服

课程名称　转变观念：说服与沟通｜***Changing Minds*：*Persuasion and Communication***

主　　讲　**Nicole E. Noll**｜哈佛大学丹尼尔·韦格纳精神控制实验室研究员，**Web Start Women** 网站联合创始人

课程简介

你是否曾经试图影响朋友的政治立场，或者鼓动亲属加入你参与的一个慈善步行活动？如果是这样的话，你就在进行说服活动。通过包括对态度的行为相关性测量在内的背景研究，我们将探索有关说服的心理学理论及实际应用，如广告/消费行为、政治与选举以及例如卫生行为和社会歧视等社会变迁现象。

如何说服他人

在人际交往过程中，良好的当众表达能力往往能够使人际关系变得融洽。而在表达的过程中，也就不可避免地会遇到双方观点不同的情景，如果处理不好，往往会给人际关系造成直接或间接的伤害，因此说服技巧和处世应变能力就成了维系人际关系的重要因素。说服（persuade）有三层含义：

（1）通过辩论、说理或者恳求促使某人做某事；

（2）通过说理或者引诱拉拢某人；

（3）使某人相信或者信服某事。

很多人希望把自己的观点告诉别人，希望把自己好的建议介绍给别人。但很多时候，往往自己觉得说得很有道理，而且明明是对对方有好处的，但是对方却总是不相信。说服别人，有时候看起来是个不可能完成的任务。

每个人都有自我意识（self－awareness），会把跟自己相关的所有的物质和精神的一切作为自我看待，当与他人交往的时候，一旦一个人的物质或精神的某个方面受到侵害和否定，自我意识受到打击，就会形成抵制和对抗。每个人在成长过程中，学到了不同的东西，有各自不同的经验，形成了自己的一套知识和经验系统，因于这套知识和经验系统，形成了稳定的判断事物的标准。所以，不论觉得对方的观点怎么不合理，怎么偏激，甚至愚蠢，他都是基于自己的知识和经验系统形成的标准来判断的，有足够的理由证明自己是对的。当有人否定这个观点的时候，对方的自我意识就自动启动，调动全副武装来反抗别人的“入侵”。

因此，有一点是确定无疑的：如果你想要说服别人遵从你的想法，那么你首先必须学会理解别人的想法。在意义、感受和理解等方面发生“融合”，这既是成功说服别人的起点，也是最终要到达的彼岸。换句话说，说服是一种心理相容（mental compatible）的过程。

那么我们该如何来建立这种思维融合呢？怎样才能让我们说服别人的技巧不断趋向纯熟呢？答案就在于你得弄清楚激励和驱动人们的因素究竟有哪些。知道了这些，你的想法和需要就能毫不费力地被其他人迅速接受。他们会把你看作同类人，从而不由自主地按照你的要求去做。

说服别人时，最重要的就是不要试图与人争论。本杰明·富兰克林（Benjamin Franklin）说：“与人争论取得胜利，这是毫无意义的胜利，因为你永远也不能取得对手的尊敬。”在争论中你的意见可能是正确的。但要改变一个人的看法，这种努力大概会是徒劳的，因为被迫放弃自己观点的人从来就不改初衷。

汽车大王亨利·福特（Henry Ford）说过：“假如说服有什么成功秘诀的话，那就是设身处地替别人着想，了解别人的态度和观点。”这样不但能得到对方的谅解，而且能更清楚地了解对方的思想轨迹及其中的要害点，然后瞄准目标，击中“要害”，使说服力大大提高而成功。

说服的关键就是激励（encourage）。人的行为都是因为受到了激励，所以说服的首要的任务就是找出激励人的因素，然后给予激励。

人有两大激励因素：对获得的渴望和对失去的恐惧。对获得的渴望激励人们追求他们一生中珍惜的东西：更多金钱，更多成功，更多健康，更多影响力，更多尊重，更多的爱和更多的幸福，人类的欲望只受个人想象力的限制。不管已经得到多少，我们总是渴望更多。如果你能让别人看到他们如何通过帮助你达到目标而自己获得更多，就能激励他们帮你做事。

有一次，戴尔·卡耐基（Dale Carnegie）租用某家饭店的大礼堂来讲课。有一天，他突然接到通知，租金要增加三倍。卡耐基去与这位经理交涉。他说："我接到通知，有点儿震惊，不过这不怪你。如果我是你，我也会那样做。因为你是饭店的经理，你的职责是尽可能使饭店获利。"紧接着，卡耐基为他算了一笔账："将礼堂用于办舞会、晚会，当然会获大利。但你撵走了我，也等于撵走了成千上万有文化的中层管理者，而他们光顾贵饭店，是你花五千元也买不到的活广告。那么，哪样更有利呢？"就这么几句话，这位饭店的经理就被他说服了。

恐惧失去同样激励着人们的行为。恐惧不管形式如何，通常强于对获得的渴望。人们害怕失去金钱财物，失去健康，失去爱以及任何他们想努力得到的东西。他们害怕变革、冒险和动荡，因为这可能带给他们潜在的损失威胁。只要能让人明白通过做你想让他们做的事情，他们就能避免某些损失，你就能影响他们去做特定的事情。如果你提供的机会既能带来收获又能避免损失，那就最好不过了。

多数人认为，说服必须用言语进行，其实未必尽然。多数时候，单靠语言是很难说服人的，尤其是那些比较执拗的人，在他没有亲眼看见事实的情况下，语言是根本说服不了他们的。在说服别人的时候，与其苦口婆心地讲道理，倒不如行动起来，让说服更有力。

一个人能否被说服，还与环境因素有很大的相关性。做为世界上最成功的煽动者之一，阿道夫·希特勒（Adolf Hitler）认为，最适合演讲的时间是傍晚。傍晚是人心最为浮躁、容易听得进别人的话的这样一个时间带。在傍晚，人们的自制意识会暂时放松，从而不会对别人的话一一反驳。因此，想要说服别人的话，选择傍晚时分是最为有效的。

最后需要重视的是，想要说服别人，必须先要说服自己。无论你要说服对方的理由和目的是什么——即使它显得非常荒唐可笑或不可思议——请用真诚的语调表达出来。一群非常“无聊”的心理学研究生搞过这么一场活动：他们在校园里找到很多陌生的青年男女，按性别配对组合在一起，要求他们在 20 分钟里只能互相说 3 个字，不过这 3 个字必须以深含爱意、富有激情的方式说出来。那么这 3 个字是什么呢？不是“我爱你”（I love you），不是“我想你”（I miss you），而是“给我盐”（Give me salt）。这个餐桌上无足轻重的要求，一旦在相互凝视中，用充满爱与激情的语气说出来时，奇迹就出现了：至少从统计学上来说，他们开始约会并最终结婚的概率比一般情况下大很多。一切都源于那 20 分钟的真诚相对。

将从众效应转化为说服力

柏拉图说：“真理可能在少数人一边。”这话没错。但是当得知自己处于少数人一边时，人们还能够力排众议，坚持真理吗？

所罗门·阿什（Solomon Asch）设计实施了一个实验，来研究人们会在多大程度上受到他人的影响，而违心地进行明显错误的判断。他请大学生们自愿做他的被试，告诉他们这个实验的目的是研究人的视觉情况的。当某个来参加实验的大学生走进实验室的时候，他发现已经有 5 个人先坐在那里了，他只能坐在第 6 个位置上。事实上他不知道，其他 5 个人是跟阿什串通好的假被试。

阿什要大家做一个非常容易的判断——比较线段的长度。他拿出一张画有一条竖线的卡片，然后让大家比较这条线和另一张卡片上的 3 条线中的哪一条线等长。判断共进行了 18 次。事实上这些线条的长短差异很明显，正常人是很容易做出正确判断的。然而，在两次正常判断之后，5个假被试故意异口同声地说出一个错误答案。于是许多真被试开始迷惑了，他是坚定地相信自己的眼力呢，还是说出一个和其他人一样、但自己心里认为不正确的答案呢？从总体结果看，平均有33%的人做出了违心的选择，有76%的人至少做了一次错误的判断。这就是从众心理（conformity）的效应。

从众效应是指当个体受到群体的影响（引导或施加的压力）时，会怀疑并改变自己的观点、判断和行为，朝着与群体大多数人一致的方向变化。当人们对一件事抱不确定态度时，他们倾向于观察周围人的做法，以指导自己的行为。持有同样态度或采取同样行动的人越多，对个人的影响力就越大。斯坦利·米尔格兰姆（Stanley Milgram）和助手一共三个人曾经在纽约大街上驻足仰望天空。其间，大多数行人都匆匆从身旁经过，并未对他们的行为产生好奇。后来米尔格兰姆又找来四个人一起仰望天空，这时主动停下来和他们一起抬头看天的行人翻了两番。

电视购物节目策划科林·斯若特（Colleen Szot）是深谙从众心理的成功者之一，她仅仅用一句话就说服了更多的电视观众打进热线电话：将购物专线的电话用语由“接线员正在等待您的来电，欢迎立刻拨打”改为“接线员正在忙线中，请稍后再拨”。

试想，当听到“接线员正在等待您的来电”时，会产生什么样的心理意象：清闲的接线员守着电话，传递给人们的是产品需求低迷和销售业绩不佳的信息；而听到“接线员正在忙线中，请稍后再拨”时，脑海里出现的接线员不再是百无聊赖，而是忙于接听一个又一个的购物电话，不得空暇。在修改过的电话用语影响下，顾客受其他匿名顾客行为暗示并进行购买。他们会想：“如果电话线忙，肯定是其他同样收看节目的人也在打电话购买产品。”换句话说，即使是虚幻的群体行为也足以引起人们的从众心理。

当然，从众效应有一定的局限性，这与被说服者的思维能力、意志力和给被说服者施加的外在影响状况有关。在阿什实验中，有24%的人一直按照自己认定的正确判断来回答；如果有一名假被试在实验条件下给出正确的回答，那么仅有5%的真被试同意团体的一致性意见，这说明只需要一个同盟者，人们就能“坚定立场”并抵抗从众效应的压力。进一步的研究发现，6～7人的团体具有最强的从众效应压力。当团体规模超出这个数字时，从众效应的水平不再增高，甚至在某种程度上有所降低。阿什认为，也许随着团体成员数量的增多，人们开始怀疑其他成员是有目的地影响了自己的行为，并开始抵抗这种显而易见的压力。

还有一些研究证明，个体越为某一团体所吸引，对这个团体越有归属感，那么他就越有可能顺应该团体的态度与行为。如果他喜欢某个团体而且觉得自己是其中一员，那么他顺应于该团体的倾向性将是非常强烈的，同时也有抵抗团体外从众压力的能力。因此，努力增强双方的相似性，将被说服者置于自己所在的团体，使被说服者“自愿”从众，要比“强迫”从众效果更好。这是将喜爱原则和从众原则同时使用的方法。

从另一个角度来看，从众心理也会使人们对某些警告无动于衷，降低了警告者的说服力。

在亚利桑那州的石化森林国家公园（Petrified Forest National Park）中，经常有游客把公园的硅化木捡回家，严重威胁了公园景观和生态。园方为了制止这种行为竖起了告示：“您继承的遗产每天都在减少，每年有14吨硅化木失窃，尽管一次只捡一小片。”结果这个告示并没有让失窃率降低。也就是说，园方的说服工作是无效的。于是，园方制作了两种不同的告示，以比较其说服力：

(1)“很多游客偷拿了硅化木，破坏了公园内的自然景观。”文字旁还配有几位游客弯腰捡起木片的图片。这是负面性的告示，同时也传达了偷窃行为的普遍性。

（2）“为保护本公园的自然环境，请不要带走园内的硅化木。”文字旁是一位游客偷拿木片的图案，游客手上画了个大大的红色圆圈外加斜杠，即表示禁止的图案。这张告示只是单纯告诉人们偷拿木片是不对的。

实验结果出乎意料：未张贴告示的地方木片失窃率为 2.92%；贴有负面告示的地方失窃率高攀至 7.92%，简直是在鼓励偷窃；而张贴禁止性告示的地方失窃率仅为 1.67%。这个结果说明，当说服过程隐含着不当行为的普遍性时，效果可能就会和初衷相违背了。因为人们会怀着“法不责众”的心理，或者觉得这种行为很时髦。因此在这种情况下，最好避免运用反面案例，可以直截了当的告诉人们该做什么，不该做什么。

还有一种与从众心理作用类似的心理效应——权威效应（appeal to authority）。权威效应又称为权威暗示效应，是指一个人要是地位高，有威信，受人敬重，那他所说的话及所做的事就容易引起别人重视，并让他们相信其正确性。权威效应的普遍存在，首先是由于人们总认为权威人物往往是正确的楷模，服从他们会使自己具备安全感，增加不会出错的保险系数；其次是由于人们有赞许心理，总认为权威人物的要求往往和社会规范相一致，按照权威人物的要求去做，会得到各方面的赞许和奖励。研究人员对一组护士进行过实验，想看看主治医师的要求会不会让她们做出不符专业知识的判断。实验中，心理学家查尔斯·霍夫琳（Charles Hofling）装扮为医生，分别给医院 22 个护士站打了电话，要求护士们为某位病人注射 20 毫克雌性激素。95%的护士都服从了指示，即使她们知道那种药不应该在医院使用，而且 20 毫克的用量也比正常用量大了一倍。

权威人士的建议常常可以抹煞一个人对自己亲眼所见的回忆，制造出新的记忆。这就意味着“谁说的”往往会影响人们的判断。设想一下，说服一个人时，引用他所熟知的权威人士的话会怎么样，比如“听说你崇拜波诺。知道吗，他说过……”然后奇迹就发生了。

不要提太高的要求

你能说服别人借给你 100 块钱吗？这看起来很难，但 1 分钱就容易许多。十个人里面恐怕有九个会给你 1 分钱，哪怕只是想摆脱你的纠缠。想让别人赞同你的观点？这或许也很难，但让对方同意你推理过程中的一句话就会容易很多，人们总会在一些问题上达成共识。

好了，现在你就可以得寸进尺，达到目的。能借出 1 分钱，就有可能借出 100 块；能同意你的一句话，就有可能接受你的全部理论。一开始不要提出太高的要求，这样反而能走得更远。

在一个环境优美的住宅区，到处都是修剪得当的树篱、碧绿的草坪、精心装饰的栅栏。可以看出这里的居民富有教养，也热爱生活。现在来了一群自称“道路交通安全委员会”的工作人员，要在住户门前的草坪上安置一块大约 1.6 平方米大的标志牌，上面写着“小心驾驶”的字样。虽然一切费用都由委员会承担，但这丝毫没有减轻住户的担忧：很显然，这块牌子破坏了他们精心打造的住宅环境。所以只有 17%的住户愿意参与这项活动。

然而心理学教授乔纳森·弗里德曼（Jonathan Freedman）和斯科特·弗雷泽（Scott Fraser）改变了这一切。他们使用了一个小技巧，就让同意参与的住户上升到 76%。他们让助理提前两周去拜访住户，希望能在他们的窗户上摆一小块写有“安全驾驶”字样的标志。这样的请求实在算不上什么，所以大多数住户都同意了。两周后，再让人去问同一组用户，是否愿意在修剪一新的草坪上放那块大标志牌，大多数人居然也同意了。当住户同意在自家窗户上摆放小标志牌时，就等于承诺会支持宣传安全驾驶。因此，为了维护自己热心公民的形象，住户会遵守这个承诺，就不便拒绝更进一步的要求。这种说服技巧被称为“踏脚入门”（foot－in－the－door－technique）。

“踏脚入门”技巧也适用于抵触情绪强烈的个体之间——比如父母和孩子之间。顽皮的孩子经常找借口不做作业，不打扫房间。这时父母先提出的如果是个容易完成的要求，可能就有利于说服他们做进一步的行动了。比如，要求和孩子一起做会儿作业，或是让他们先把玩具放回盒子里。如果孩子自愿同意了要求，而不是被父母的权威所迫，那接下来要求他们完成全部任务就能水到渠成了。这个技巧同样有助于自我说服。比如减肥，先不要制定难以达到的目标，从简单的运动开始，这样自己都找不到借口不做，之后再慢慢加大运动强度。

想要学会说服别人，很重要的一项功课就是了解人们为什么会拒绝看似合理的要求，比如拒绝向慈善机构捐款。调查表明，支持慈善工作的人拒绝捐款是出于两个原因：第一，他们认为自己没能力捐一大笔钱；第二，他们认为一小笔钱根本就帮不上什么忙。1976 年，心理学博士罗伯特·恰尔蒂尼（Robert B. Cialdini）在帮助美国癌症协会（American Cancer Society，ACS）募集善款的时候就发现了这一现象。为了打消人们的这种顾虑，恰尔蒂尼认为募捐者应当向人们表示：即使是最小的捐款也是有用的。事实上，这种做法取得了可喜的效果。募捐者在“您愿意捐款吗?”这句话后面又多说了一句：“哪怕是一美分也会有帮助。”结果愿意捐款的人从 28%上升到了 50%，捐款总额也上升了 63%。恰尔蒂尼说：“这枚小小的铜锌化合物（指 1 美分硬币）在说服力上的价值堪比黄金。”

自从“一分钱也有帮助”策略（even a penny will help）的效果被证实后，许多募款活动都将它列入公关人员标准应对流程中。这个策略还能用在其他地方。要别人帮你做个项目时，可以说“帮我一小时也行”；对字迹潦草的同事可以说“只要再工整一点就行了”。对忙碌的客户可以说“只要说几句就好”。

不要提出太高的要求，这个说服原则在商品推销领域是个战无不胜的法宝。聪明的推销者都知道，一个小小的订单能带动一整套产品的销售，即使订单利润与争取订单所花的时间和努力不成比例，但对方已经变为你的正式客户了，这种转变才是最重要的。有这样一个笑话：

一个小伙子到“应有尽有”百货公司当售货员，第一天工作结束，老板问他：“你今天做了几单买卖？”

年轻人回答说：“一单。”

“只有一单？”老板很不满意，“我们这儿的售货员一天基本上可以完成 20 到 30 单的生意呢，你卖了多少钱？”

年轻人回答道：“30 万美元。”

现在轮到老板惊呆了：“你怎么可能一单卖到那么多钱的？”

“是这样的，一位男士进来买东西，我先卖给他一个小号的鱼钩，然后一个中号的鱼钩，最后大号的鱼钩。接着，我卖给他小号的鱼线，然后中号的鱼线，最后大号的鱼线。我问他上哪儿钓鱼，他说海边。我建议他买条船，所以我带他到卖船的专柜，卖给他 20 英尺有两个发动机的游艇。然后他说他的大众牌汽车可能拖不动这么大的船。我于是带他去汽车销售区，卖给他一辆新款豪华型‘陆地巡洋舰’。”

老板几乎难以置信：“一个顾客仅仅来买个鱼钩，你就能卖给他这么多东西？”

“不是的，”年轻售货员说，“他是来给妻子买卫生棉的。我就告诉他：‘你的周末算是毁了，为什么不去钓鱼呢？’”

如果售货员一开始就推销游艇和汽车，很大程度上并不能激起顾客的购买欲，但是从一个小鱼钩开始，顾客就会逐步陷入推销者预设的心理空间而难以自拔。在小订单都不能确保的情况下，也不必灰心，只要能和对方攀谈十分钟，说不定会有另外的结果，重要的是，要让被说服者从原来的位置“前进”一点点。如果被说服者能做出实际行动，而不是仅仅口头的言语，那么说服的成功率就会增加很多。

迪莉雅·乔菲（Delia Cioffi）与兰迪·加纳（Randy Garner）对一些大学生进行了调查。他们询问大学生们是否愿意充当志愿者，去为当地学校进行艾滋病知识普及。兰迪和迪莉雅告诉其中一组，如果他们愿意，请填写表示愿意当志愿者的表格。相反地，他们告诉另一组学生，如果愿意去，口头答应就行。结果发现，不论学生接受的是前一个意见征询方式，还是后一个，对其是否同意去做志愿者并无多大影响。但几天后的知识普及活动中，出席率却表现出了明显的差异。在第二种以消极承诺表示愿意当志愿者的学生中，只有 17%的人遵守了承诺。那些以积极承诺表示愿当志愿者的，则有 49%的人遵守了承诺。总的来看，出席活动的人中有 74%都是做出积极承诺的学生。

为什么说把承诺写下来会赢得更多的出席率？因为人们通常会根据所作所为来评价自己，其中，有所为比有所不为更能影响他们的判断。在上面的实验中，兰迪和迪莉雅发现前一组学生更容易认为是自己的人格特质、喜好和观念让他们做出如此决定。对光会想不会做的人来说，一份很小但却有很大心理作用的积极承诺，也许就是说服自己做出行动的动力。

让别人自以为做出选择

被别人说服，按照别人规定的方法活动，接受别人的想法，无论理智上人们是否接受这种状态，情绪上都是消极的。很显然，被说服这一事实会伤害自尊心。所以，不要让对方觉得他自己是被迫的，而要让他觉得好像是自己主动做出了选择。

在莎伦·布雷姆（Sharon S. Brehm）的抗拒理论（reactance theory）中提到：感觉到失去自由选择权（free choice）会降低顺从要求的可能。所以让对方感觉到自己有选择权也是说服他人的重要关键。

有研究者在纽约街头随机寻找逛街的民众，然后有礼貌地向其询问：

（1）您好，不好意思，请问可以借我一点零钱搭公交车吗？

（2）您好，不好意思，请问可以借我一点零钱搭公交车吗？但您可以选择接受或拒绝，没关系。

实验的结果是，第一组只有10%的人愿意提供赞助，平均赞助额是0.48美元；第二组具有选择余地的人中有47.5%愿意赞助车费，他们付出的平均赞助额是1.04美元。

给予选择自由的说服技巧可以应用在几乎所有的对话中，这已经在实验人数超过2.2万的42个相关研究中得到证实。其实，具体的说辞内容并不重要，重点是去强化对方无法说“不”的可能，而要达到这个效果，就要给予对方自由选择权。之所以会造成这种现象，大致有三种理论解释：第一，选择权会引发对方拒绝后的罪恶感；第二，它可能提高了个人的社会责任感受；第三种解释，它强化了内在归因（internal attribution）的可能。当人们具有选择的权利，并且在没有压力下做出决定时，会了解到这个决定是发自内心，并非外力因素。而且在被请求者作了内在归因后，服从的可能性也会跟着大大提升。

标签技巧法（labelling technique）是一种引导他人改变选择趋向的心理方法。即公开给对方贴个“标签”，表明他具有的个性、态度或其他特点，然后再提出符合该标签特点的要求。为了不担虚名，对方就会倾向于同意与“标签”相符要求。比如在电影《星球大战》（*Episode* 5：*The Empire Strikes Back*）中，“天行者”卢克（Luke Skywalker）试图说服“黑武士”达斯·维达（Darth Vader）倒戈，共同对抗邪恶势力。卢克对“黑武士”说：“我知道你内心善良。我能感觉得到。”正是这句话在“黑武士”心里埋下了被说服的种子。

华盛顿大学的理查德·叶兹（Richard Yalch）做过一个实验，能表明标签技巧法在说服他人投票上的效果。理查德以心理学教授的身份告诉随意一组选民，从他们的兴趣、信仰或行为看，他们“会积极参与投票与政治活动”；另一组选民则被告知他们的政治积极性一般。实验表明，前者不仅自认为比后者更优秀，在一周后的选举活动中，出席率也比后者要高出 15%。

标签技巧法实际上是皮格马利翁效应（pygmalion effect）的应用。皮格马利翁效应指人们基于对某种情境的知觉而形成的期望或预言，会使该情境产生适应这一期望或预言的效应。这个心理效应的名称缘于一则古希腊神话故事：塞浦路斯的国王皮格马利翁用象牙雕塑了一位美丽可爱的少女，他深深爱上了这个“少女”，便向女神阿佛洛狄忒（Aphrodite，爱与美之女神，即罗马神话中的维纳斯）祈求，希望女神能赐给他如雕塑一样优雅美丽的妻子。阿佛洛狄忒决定帮他，于是雕像变成了真人，成为了皮格马利翁的妻子。

1960 年，后来担任哈佛心理系主任的罗伯特·罗森塔尔（Robert Rosenthal）还在加州大学河滨分校（UC Riverside）任教。他与一所位于中低阶层社区的公立小学——橡树学校（Oak School）合作，对 1～6 年级的所有学生进行了一般能力测试（Test of General Aptitude，TOGA），这个测验属于非文字测验，测试者的分数不依赖于先前接受的阅读、写作和算术技能等方面的训练。为了增加权威性，罗森塔尔对不知情的教师说，学生们所接受的是“哈佛应变能力测验”。他还进一步对教师解释道，该测验的成绩可以对一名学生未来在学术上是否会有成就做出预测。最后，每位班主任都得到了一份名单，上面记录着本班在“哈佛应变能力测验”上得分最高的20%的学生。当然，这份名单中的学生是随机挑出来的，他们和其他学生的唯一区别就是，教师以为他们会有不同寻常的智力发展表现。

接近学年结束时，罗森塔尔再一次对所有学生进行了相同的测验，并计算出每个学生的能力变化程度。正如罗森塔尔在他以前的研究中所猜测的，教师对学生行为的期望转化成了学生的自我实现预言（self－fulfilling prophecy)。数据表明，那些被教师以为智力发展会有显著进步的学生，平均提高幅度12.2%，显著高于控制组的8.2%。这个差异主要是由两个低年级组（6～7岁）中的巨大差异引起的。在这些一二年级的孩子中，实验组的成绩几乎比控制组高一倍。

标签技巧法正是通过影响对方的潜在情绪进行说服。比如为某人下达了一项工作任务，但他担心不能胜任，这时可以告诉他对他很放心，因为他是个坚忍不拔的员工，前几次类似的任务他都完成的很出色，这会帮助他重拾信心。这种方法对孩子也屡试不爽，当老师表示喜欢想把字练好的学生时，学生们就会花更多时间来练字，尽管他们知道不会有老师在周围看。这种方法还能加深与客户的感情，比如航班结束时，机组人员会对旅客说：“感谢您在众多航空中选择了我们。”这样的话是在利用变形的标签技巧法，暗示旅客他这么选择是有原因的。原因就是对该公司的信心，这样的心理暗示更加深了信任度。同样，可以告诉想要说服的客户，他们的选择是对自己的信任，对此十分感激并将不负所托。

通过提高对方的自我意识感进行说服，还有一种方法，就是通过模仿对方的动作，让对方感觉“我们两个是一样的”。

威廉姆·麦达克斯（William Maddux）指导一组工商管理硕士（MBA）在谈判中对谈判的另一方进行模仿，就是说，如果对方背靠在椅子上，自己也要做出相同动作；另一组则不要求做出模仿行为。结果显示，前一组的谈判成功率高达 67%，后一组只有可怜的 12.5%。实验的其它数据还表明，模仿行为会增加信任感，促使对方愿意披露细节，从而打破僵局。

为什么模仿他人行为就能得到慷慨对待？也许这和我们潜意识里喜欢和自己相似的人有关。众所周知，顾客对侍应生的服务越满意，付出的小费就越多。而侍应生们也不必花费心机去讨好顾客，有个非常简单的方法就能收到更多小费：逐句复述客人的点餐，不用多加解释，不用点头示意，不用说“好的”。根据瑞克·冯·巴伦（Rick van Baaren）的研究，按上述方法复述客人点餐要求的侍应生，收到的小费比平时高出 70%。

模仿是说服他人的最好方法之一。我们愿意帮自己喜欢的人，同时也愿意赞同他们的意见。行为模仿在其它场合也同样有效。假设在销售或客服部工作，不管客户表达的是问题、投诉还是订单意愿，都可以通过复述对方的话增加认同感。

扩展阅读

Noah Goldstein, Steve Martin & Robert Cialdini

Yes! 50 *Scientifically Proven Ways to Be Persuasive*

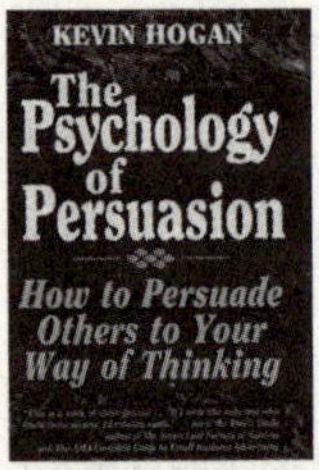

Kevin Hogan

The Psychology of Persuasion: How to Persuade Others to Your Way of Thinking

Richard Luecke & Kathleen Reardon

Power, Influence, and Persuasion: Sell Your Ideas and Make Things Happen

多湖辉

深层说服术

龚文庠

说服学：攻心的学问

课程 09 博弈

课程名称 博弈理论与经济学应用｜*Game Theory and Economic Applications*

主　　讲 **Drew Fudenberg**｜哈佛大学经济系教授，美国国家科学基金负责人，美国计量经济学会委员会委员

课程简介

介绍博弈论及其在经济领域的应用。主要内容包括扩展式和策略式博弈、纳什均衡、子博弈完美均衡、贝叶斯均衡，以及博弈理论在长期合作、拍卖、议价与制度设计方面的应用。

人生处处皆博弈

生活中每个人都如同棋手，每个行为都如同在一张看不见的棋盘上布一个子，精明慎重的棋手们相互揣摩、相互牵制，下出诸多精彩纷呈、变化多端的棋局。那么，高超的棋手和“臭棋篓子”之间有什么区别呢？区别就是前者掌握了各种赢棋的策略，而后者却对这些策略一无所知，而仅仅了解游戏的规则。可以说，在一个游戏参加者的初始条件完全相等的游戏中，策略的选择是游戏结果唯一的决定因素。而选择策略的过程，就是博弈，如何选择策略的学问，就叫做博弈论（game theory）。

对具有博弈性质的决策问题的研究可以追溯到 18 世纪甚至更早。20 世纪 20 年代，法国数学家埃米勒·波莱尔（Emile Borel）用最佳策略法研究弈棋和其他具体的决策问题，并从数学角度作了尝试性的分析。

1928 年，数学家约翰·冯·诺依曼（John Von Neumann）证明了博弈论的基本原理，从而宣告了博弈论的正式诞生。1944 年，冯·诺依曼和奥斯卡·摩根斯坦（Oskar Morgenstern）合著的《博弈论与经济行为》将二人博弈推广到 n 人博弈结构，并将博弈论系统地应用于经济领域，从而奠定了这一学科的基础和理论体系。

简单地说，博弈就是参加者在一定环境条件与既定规则下，同时或先后，一次或是多次选择策略并实施，从而得到某种结果的过程。而博弈论就是研究人们如何进行决策，以及这种决策如何达到均衡的科学。

博弈有四个组成要素，首先，要有两个或两个以上的博弈者（player）。从经济学的角度来看，如果是一个人作决策而不受到他人干扰的话，那就是个传统的“最优化问题”，也就是在某个既定的局面或情况下如何决策的问题。而博弈者的身边充斥着其他具有主观能动性的决策者，他们的选择与其他博弈者的选择相互作用、相互影响，这种互动关系自然会对博弈各方的思维和行动产生重要的影响。博弈的参加者越多，情况就越复杂，结果越难预料。每个博弈者在决定采取何种行动时，不但要根据自身的利益和目的行事，还必须考虑到他的决策行为可能对其他人造成的影响，以及其他人的反应行为可能带来的后果，通过选择最佳行动计划，来寻求收益或效用的最大化。

其次，博弈者有自己能够选择的策略（strategy），形成策略空间（strategy space）。所谓策略，指的是直接、实用的针对某个具体问题所采取的应对方式。博弈论中的策略，是对局势和整体状况进行分析，确定局势特征，找出其中关键因素，为达到最重要的目标进行手段选择。由此可见，博弈论中的策略是牵一发而动全身的，直接对整个局势造成重大影响。

博弈中，各博弈方行动的顺序，即博弈的次序（the order of play）对于博弈的结果具有很大的影响。同样的博弈方、同样的策略空间，先后决策并行动还是同时决策再行动，其结果往往有很大差距，有时候是“先下手为强”，有时候则可以“后发制人”。

最后一个非常重要的要素是博弈的信息（information）。博弈中最重要的信息是有关对手策略以及各博弈方得益的信息。在各博弈方同时决策的博弈中，必须保证不能让对手知道自己采取何种策略，同时尽可能了解对手所要采取的策略，否则自己将永远是博弈的输家。博弈方策略实施后的结果叫做得益（play off）。有关得益的信息是促使某博弈方选择某种策略的关键参考值。理性的博弈方总是选择能使自己获得最大得益的策略。

博弈论从本质上讲是数学的一个分支，但是博弈要有参与各方争夺的资源或收益。资源指的不仅仅是自然资源，如矿山、石油、土地、水资源等，还包括了各种社会资源，如人脉、信誉、学历、职位等。人们之所以参与博弈是受到利益的吸引，预期将来所获得利益的大小直接影响到博弈的吸引力和参与者的关注程度。因此 20 世纪 70 年代以来，博弈论在经济学中得到了广泛的运用，在经济学思想史上与“边际分析”和“凯恩斯革命”鼎足并列，为人类带来了一种全新的方法论和思维。经济学的最基本的假设就是“人的目的就在于使收益最大化”。参与博弈者正是为了自身收益的最大化而互相竞争。也就是说，参与博弈的各方形成相互竞争、相互对抗的关系，以争得利益的多少来决定胜负，一定的外部条件又决定了竞争和对抗的具体形式，这就形成了博弈。

除了经济学领域，博弈论在国际关系研究中也得到了广泛的应用。20 世纪 50 年代以后，学界在运筹学的博弈概念基础上综合运用心理学、统计学、社会学和策略学等原理，逐步形成国际关系学的博弈论。这既是研究国际冲突的策略理论，也是处理国际关系的实际手段，能够为行为者在面临危机和冲突时设计出各种合理选择和理性决策。

博弈论的研究对象是理性人的互动，也就是研究绝对理性的人们如何进行策略选择。人生处处皆博弈。在生活中，人们的博弈思维时刻在起作用。在战争、政治、商业等竞争性的领域里，人们的策略选择与人的生存状态密切相关，博弈思维几乎发挥到极致。

随着社会生活各个方面的竞争性和对抗性的加强，随着人们对自身行为和决策的理性及效率的更高层次的追求，人们必将更多地利用博弈的原理来指导自己的行为，以争取更理想的结果。如果能进一步系统掌握博弈论的基本原理和方法，就会在对抗性更强、竞争更激烈的社会活动中减少决策错误，获得更多成功机会。正如著名经济学家保罗·萨缪尔森（Paul A. Samuelson）所说：“要想在现代社会做一个有文化的人，你必须对博弈论有一个大致了解。”

需要反复提及的是，要求博弈论能够完全刻画真实的世界，注定是徒劳无功的。正如诺贝尔经济学奖得主莱因哈德·泽尔滕（Reinhard Selten）所说："博弈论并不是疗法，也不是处方，它不能帮我们在赌博中获胜，不能帮我们通过投机来致富，也不能帮我们在下棋或打牌时战胜对手。它不告诉你该付多少钱买东西，这是计算器或者字典的任务。"

就个体而言，由于决策人可自行决定并承担后果，因此，理论上应该有所谓的"最佳决策模式"，但仍无法保证每次都能作出最好的选择。在人生的奋斗过程中，人们经常因一时冲动而作出决定，结果有好有坏，但事后很少记得自己的选择是对还是错。至于那些相当重要的决策，我们要么庆幸自己做对了，要么就幻想着不然的话会如何如何。重要的是，在做出选择之前，不盲目；在做出选择之时，不犹豫；在做出选择之后，不悔恨。

囚徒困境的启示

某天，一位富翁在家中被杀，财物被盗。警方抓到两个犯罪嫌疑人，并搜出被害人家中丢失的财物。但是嫌犯都否认自己杀过人，警方的证据也不够充分。于是警方将两人隔离审讯，分别告诉他们说："你们的偷盗罪确凿，无论如何可以判你们两年监禁。但是，我可以和你做个交易：如果你承认自己犯了杀人罪，我就向法官求情，你只用坐五年牢；如果你不承认杀人，而你的同伙作证人指证你的话，你将被终身监禁，而他可以被立刻假释出狱。"两个嫌疑犯想了想，都承认了自己杀人的罪行。

显然，站在局外人的角度来看，最好的结果是两个嫌疑人都拒绝招供，就可以逃脱杀人罪的指控。那么为什么两个人都选择了招供呢？首先我们必须明确的是，两个嫌疑犯都是自利理性的个人，即只要给出两种可选的策略，他将总是选择其中对他更有利的那种策略；同时两人无法沟通，必须在不知道对方所选结果的情况下，独自选择。那么囚犯甲的内心活动是这样：

（1）假如乙招了，我不招，我就要将牢底坐穿，招了最多坐五年，还是招了得益更多。

（2）假如乙不招，我也不招，只坐两年牢。如果我招，乙不招，我马上被释放，也是招了合算。

因此，无论囚犯乙是坦白还是沉默，囚犯甲采取坦白的策略对自己都更为有利。同样，以上推理也适用于囚犯乙，于是两个囚徒都坦白交待了。

1950 年，数学家阿尔伯特·塔克（Albert W. Tucker）向一些心理学家解释他正在研究的完全信息静态博弈问题，用上面这个故事构造了一个博弈模型，即囚徒困境（prisoners’ dilemma）。由于囚徒困境的模型非常有趣和简洁，给人们留下了深刻的印象，成为被广为谈论和研究的博弈模型，也是几乎所有博弈学教科书展示给读者的第一个例子。

所有博弈参与者的策略都有相互依存的关系，每个博弈者从博弈中所得结果的好坏不仅取决于自身的策略选择，同时也取决于其他参加者的策略选择。有时甚至坏的策略也会带来并不坏的结果，原因是对方选择了更坏的利他而不利己的策略，从而构成一种均衡（equilibrium）。

均衡可以说是博弈论中最重要的思想之一，但是并不复杂。我们可以用描述法来加以定义：在博弈达到均衡时，局中的每一个博弈者都不可能因为单方面改变自己的策略而增加收益，于是各方为了自己利益的最大化而选择了某种最优策略，并与其他对手达成了某种暂时的平衡。在外界环境没有变化的情况下，倘若有关各方坚持原有的利益最大化原则并理性面对现实，那么这种平衡状况就能够长期保持稳定。

从囚徒困境模型出发，塔克的学生约翰·纳什（John F. Nash Jr.）定义了一种博弈策略组，即纳什均衡（Nash equilibrium）。

在所有的均衡中，纳什均衡是个基础性的概念。简单地说，所谓纳什均衡就是所有人的选择综合在一起，不一定所有选择都能实现最大化原则，但能使所有人都达到最大化的均衡状态。在一个纳什均衡中，如果一个参与者存在某个策略，无论其他参与人选择什么策略，他都有唯一一个最佳的选择，那么这个策略就叫占优策略（dominant strategy）。举个简单的例子。一名篮球前锋和队友面对着对方的一个后卫时，该前锋可以选择直接投篮，也可以选择传球给队友，根据经验，传球的成功率更大，那么传球就是该前锋的优势策略。即如果一个球员具有这样一种策略，无论其他球员怎么做，这个策略都会高出一筹，那么这个球员的选择就有一个优势策略，他的决策就会变得非常简单，只要直接采用该策略而完全不必考虑对手的应对策略。

在纳什均衡点上，每个参与者的策略都是最好的。此时没有人愿意先改变或主动改变自己的策略。也就是说，此时如果他改变策略，他的收益将会降低，每个理性的参与者都不会有单独改变策略的冲动。但是很显然，在某些境况下，参与者总是互相“拆台”，结果就是双方都得不到可能的最佳收益。比如国家之间的关税报复，对他国产品提高关税有利于保护本国的经济，但是国家之间互提关税，产品价格就提高了，丧失了竞争力，损害了国际贸易的互补优势。由于双方各自追求自己利益的最大化，导致了群体利益的损害。

合作比不合作对双方更有利，但是如果有人蓄意破坏合作，那么他可能暂时获得更大的利益。也就是说，在信息不完全的情况下，合作是不稳定的。如果没有外部强制力，参与者采取什么样的策略才可以更好地维持合作的稳定性呢？

对于这个问题，有这样一种答案。如果一方采取不合作的策略，另一方随即也采取不合作策略并且永远采取不合作策略，在博弈论里叫触发策略（trigger strategy）。如果对方知道你的策略是触发策略，那么对方将不敢采取不合作策略，因为一旦他采取了不合作策略，双方便永远进入不合作的困境。因此，只要有人采取触发策略，那么双方均愿意采取合作策略。但是这个策略面临着这样一个问题：如果双方存在误解，或者由于一方发生选择错误，这个错误是无意的，那么结果将是双方均采取不合作的策略。也就是说，这种策略不给对方改正错误或解释错误的机会。

有没有更好的策略呢？密歇根大学政治学与公共政策教授罗伯特·艾克斯罗德（Robert Axelrod）发起了一个有趣的比赛，找到了答案。

爱克斯罗德设定了两个前提：每个人都是自私的；没有权威干预个人决策。也就是说，个人完全可以按照自己利益最大化决策。在此前提下，合作要研究的问题是：人为什么要合作；人什么时候是合作的，什么时候又是不合作的；如何使别人与你合作。他邀请了一些政治学家、数学家、经济学家和社会学家，请他们编制一些程序，让程序们做“囚徒困境”的游戏，结果得分最高的是多伦多大学的罗伯布（Anatol Rapoport）编写的“针锋相对策略（Tit－for－Tat）”程序。这个程序的特点是，第一次对局采用合作的策略，以后每一步都跟随对方上一步的策略：你上一次合作，我这一次就合作；你上一次不合作，我这一次就不合作。这和中国哲学家孔子说的“以德报德，以直抱怨”异曲同工。

艾克斯罗德还发现，得分排在前面的程序有三个特点：第一，从不首先背叛，即“善良的”；第二，遇到对方的背叛行为一定要报复，不能总是合作，即“可激怒的”；第三，不能对方一次背叛，你就没完没了地报复，以后对方只要改为合作，你也要合作，即“宽容的”。此外，好的策略还必须具有的一个特点是“清晰性”，能让对方在三五步对局内辨识出来，太复杂的对策不见得好。针锋相对策略就有很好的清晰性，让对方很快发现规律，从而不得不采取合作的态度。

信息是博弈的砝码

大多数经典博弈模型都有一个前提条件，就是博弈参与者都知道对方所能采用的策略与各种可能的结局。简单地说，这些博弈都没有信息不对称的情况。

但是在实际生活中，很多情况下并不都是这么理想的：人寿保险公司并不知道投保人真实的身体状况，只有投保人自己对自身健康状况有最确切的了解；求职者向公司投递简历，求职者的能力只有自己最清楚，公司并不完全了解。最常见的例子就是买卖双方进行交易时，交易商品的质量，自然是卖方比买方更了解。之所以有这些信息不对称的情况，是因为存在私有信息（private information）。

古典经济理论认为，在完全竞争市场中，资源能够得到最优配置，并能实现社会福利的最大化。然而现实中，完全竞争市场几乎是不存在的，市场中充斥着信息不对称。比较典型的是美国经济学家乔治·阿克洛夫（George A. Akerlof）提出“二手车市场模型”。

在二手车市场，卖家知道所售汽车的真实质量；但是买方通过讨价还价，只知道好车最少要卖 6 万元，而坏车最少要卖 2 万元。要想确切地辨认出二手车市场上汽车质量的好坏是困难的，最多只能通过外观、介绍及简单的现场试验等来获取有关汽车质量的信息，而从这些信息中很难准确判断出车的真正质量。那么，买方应该开价多少呢？开价 6 万元显然是太高了，因为这不能保证买到好车；而开价 2 万元肯定有人愿意卖，但这显然是一辆没人要的坏车。唯一的办法是出价 4 万元，也就是根据平均质量支付价格。其结果是，在均衡的情况下，高于平均质量的车无法成交，卖家就会将这些车撤出二手车市场，市场上只留下质量低的卖家。也就是说，高质量的汽车在竞争中失败，市场选择了低质量的汽车。演绎的最后结果是：市场成了破烂车的展览馆，不论买家是否愿意，他只能将质量较低的二手车开回家。

二手车市场的演变揭示了一个令人不寒而栗的现象：劣币驱逐良币（bad money drives out good）。16 世纪的英国铸币局长托马斯·格雷欣（Thomas Gresham）首先提出这一现象，因此也称为格雷欣法则（Gresham's law）。格雷欣观察到，人们习惯保留储存成色高的货币，而使用成色低的货币进行市场交易，于是流通的劣币越来越多，成色十足的货币则越来越少。这种越来越坏的市场，阿克洛夫称之为“柠檬市场”。

很多市场都是“柠檬市场”。比如人才市场，由于信息不对称，雇主愿意开出的是较低的工资，难以满足精英人才的需要，于是平庸的员工就越来越多。信贷市场也是个“柠檬市场”，因为信息不对称，贷款人只好确定一个较高的利率，结果本分的好企业退避三舍，而打定主意能不还就不还的坏企业蜂拥而至。柠檬市场中的参与者就像困境中的囚徒一样，经过理智的博弈推理，反而让自己处于不利的境地，这就是经济学所说的逆向选择（adverse selection）。

要减少逆向选择，就必须用良好的制度设计来解决信息不对称问题，将私有信息变为公共信息。比如在二手车市场中，可以强制卖方披露真实的车辆信息，或者买方雇用懂行的人对车辆做出客观评估。这就是市场监管（market supervision）和专业经纪人（agent）的由来。

劣币驱逐良币现象最极端的状况，是使一个市场完全没有交易，从而整体崩溃。优质品的提供者不会甘心被劣质品逐出市场。为了使自己的产品与劣质品区分开来，他们要选择适当的方式，向消费者传递自己的产品是优质品的信息，改善信息不对称的状况，减少逆向选择的不利影响。广告是达到这个目标的重要武器。

有“百货店之父”美誉的约翰·沃纳梅克（John Wanamaker）据称是第一个投放现代广告的商人。他有一句名言：“我知道在广告上的投资有一半是无用的，但问题是我不知道是哪一半。”为什么商家会花费大笔金钱制作、投放精美的广告呢？除了吸引潜在的消费者，一个重要目的就是利用共同知识（common knowledge）清除潜在的市场模仿者。

共同知识的概念最初是由逻辑学家克拉伦斯·李维斯（Clarence I. Lewis）提出的。假定一个人群由 A、B 两个人构成，A、B 均知道一件事实 f，f 是 A、B 各自的知识，而不是他们的共同知识。当 A、B 双方均知道对方知道 f，并且他们各自都知道对方知道自己知道 f，f 就是他们的共同知识。对于消费者来说，如果他们无法区分产品质量的优劣，就只能根据对整个市场的估计即平均质量来支付价格。

假定 A 企业生产优质品，B 企业生产劣质品，当优质品和劣质品被消费者以同样的方式对待时，劣质品在成本上具有优势，从而有可能在销售上占据优势；优质品因其机会成本超过市场价格从而可能被挤出市场。但是现在 A 企业选择出资制作广告，由于“广告费用高昂”是公共知识，消费者就会判断 A 企业生产的是优质品，从而为 A 企业的产品支付更多的价格。

卖方有隐藏自己商品真实信息的倾向，买方为了自身利益也同样会隐藏自己的私人信息。比如，消费者买票乘飞机，不同的人愿意支付的价格是不一样的：有的人消费意愿高一些，就可以支付较高的价格；收入较低的人或者比较吝啬的人就只愿支付较低的价格。但是，如果问消费者他们愿意支付什么样的价格，所有人都必定说愿支付较低的价格，因为根据经济人假设，即使有钱人也会认为在同样服务下以低价购买更加划算。这时，卖方就要通过机制设计（mechanism design）将有钱人筛选出来。

航空公司将舱位分成头等舱、经济舱，就是一种机制设计。头等舱乘客多支付的价格其实远远超出他们所获特殊服务的收益，但是因为他们更有钱且更愿意花钱，就会倾向于选择看起来更舒适的头等舱。同样的道理，通过提供精装本和平装本两种版本，出版商可以将读者分为两大类：一类对书的要求较高，另一类对书的要求较低；在提供电信服务时，服务商可以对手机用户提供两种收费标准，一种是单位时间通话费用较低但需交纳一定的月租费，另一种是单位时间通话费用较高但不需交纳月租费，根据用户的不同选择，服务商可以将用户区分为高频率用户和低频率用户两类。

信息披露会改变双方的资源配置情况，进而改变博弈的结局。如果博弈只发生一次，则无疑具有信息优势的人会获得额外的收益。但如果博弈是重复进行的，那么拥有私人信息的参与者肯定会在博弈过程中泄露其所拥有的信息，信息不对称程度就会减轻。所以重复博弈会改进资源配置状态，使人与人的关系走向公平和谐。

威胁与许诺

博弈者一旦开始行动，就会与其他博弈者产生互动影响。那么，博弈者有没有可能在行动之前就获取博弈的优势呢？显然，通过向对方传达“合作”或“不合作”的信息，就可以影响对手的判断。

博弈论专家罗伯特·奥曼（Robert J. Aumann）认为，人与人冲突的原因之一是相互猜疑。但是，一旦我知道你如何算计我，你知道“我知道你如何算计我”，并且依次延伸至多次博弈，那么人们在一念之间就可能会停止相互猜疑与算计，立即达成和解。在这个过程中，不可忽视的一点就是恰当的回应规则：威胁或许诺。

威胁（threaten）是对“不合作”的参与者进行惩罚的回应规则。威胁有两种，一种是强迫性的威胁，比如恐怖分子劫持一架飞机，其确立的回应规则是假如他的要求不能得到满足，全体乘客都将死于非命；另一种是阻吓性的威胁。比如美国说，假如苏联出兵攻击任何一个北约国家，它就会以核武器回敬。前一种威胁用意在于促使某人采取行动，而后一种的目的在于阻止某人采取某种行动。两种威胁面临同样的结局：假如不得不实施威胁，就要有人吃苦头。

许诺（promise）是对愿意合作的人提供回报的方式。为寻找证人，检察官会向一个被告许诺说，只要他愿意成为污点证人，检举同案中的其他被告，就会得到宽大处理。许诺同样可以分为强迫性的和阻吓性的两种。强迫性许诺的用意是促使某人采取对你有利的行动，比如让被告摇身一变帮助公诉方作证；阻吓性许诺的目的在于阻止某人采取对你不利的行动，比如黑帮分子许诺好好照顾证人的家属，只要他答应保守秘密。与威胁类似，两种许诺也面临同样的结局：一旦必须采取（或者不采取）行动，会出现说话不算数的动机。

有时候，威胁与许诺的界限非常模糊。威胁与许诺的界限只取决于你怎样称呼当前的情形。歹徒会威胁受害人说，假如你不给他钱，他就要加害你。假如你没有给，他就会动手“修理”你，从而造成新的情形，而在这种新的形势下，他又会许诺说只要你给他钱，他就会住手。随着形势转变，一个强迫性的威胁会变得和一个阻吓性的许诺差不多；同样，一个阻吓性的威胁与一个强迫性的许诺的区别也只限于当时的情况。

威胁和许诺是否有效，取决于实践威胁或许诺所付出的成本和能够取得的收益之间的比较。一般而言，成本巨大的，或者成本高于收益的威胁和许诺，其可信度就比较高，反之则低。在你做出一个许诺的时候，不应让自己的许诺超过必要的范围。假如这个许诺成功地影响了对方的行为，就要准备实践自己的诺言。因此，代价越小越好，这意味着许诺只要达到必要的最低限度就行了。适度原则其实同样适用于威胁，不要让自己的威胁超过必要的范围。一个大小恰当的威胁，应该是大到足以奏效，而又小到足以令人信服。如果威胁大而不当，对方难以置信，而自己又不能说到做到，就会降低自己的信誉。

博弈的参与者发出威胁的时候，首先可能认为威胁必须足够大，大到足以阻吓或者强迫对方的地步，接下来才考虑可信度，即让对方相信，假如他不肯从命，肯定逃脱不了已经明说的下场。若是在理想状况下，就没有其他需要考虑的相关因素了。假如对方知道反抗的下场，并且感到害怕，他就会乖乖就范。那么，我们为什么还要担心如果实践这个威胁，会有多么可怕的情况发生呢？

问题在于，我们永远不会遇到理想状况。首先，发出威胁的行动本身就可能代价不菲。国家、企业乃至个人都在许多不同的博弈之中，在一个博弈中的行动会对所有其他博弈产生影响。其次，一个大而不当的威胁即使当真实践了，也可能产生相反的作用。最后，所谓一个成功的威胁完全不必实践的理论，只在我们绝对有把握不会发生不可预见的错误的前提下成立。

那么，威胁与许诺的意义何在呢？在研究经济问题时，有一个因为无处不在而经常被人们忽略的要素，那就是时间。俗话说“时间就是金钱”，在反复博弈时浪费的时间即使不是抵消，也常常会侵蚀博弈成功所带来的额外收益。而威胁与许诺则可以减少博弈回合，从而节约宝贵的时间。这就不得不提一种谈判策略：博尔韦尔策略（Boulware strategy）。

所谓博尔韦尔策略，是指提出合理的条件以后，拒绝再讨价还价的策略，也就是提出一个“不买拉倒”（deal or say nothing）的价格。它以曾任通用电气公司管理劳资关系的副总裁莱米尔·博尔韦尔（Lemuel Boulware）的名字命名。博尔韦尔面对工人为加薪而举行的罢工时，不是反复谈判，而是直接给出一个新的薪酬水平，然后向雇员、股东和公众阐释它的合理性，并不再做任何退让。这套要价模型为他的立场建立了公信力。

如果博尔韦尔式的要价遭到了顾客的拒绝，那么博弈也就宣告结束。因此，提高这一策略成功概率的一个办法是，使要价比对方能接受的最高价位稍微再低一点，因为在这种情况下买主也是有利可图的。这一策略可以攫取交易的绝大部分利益。要使用博尔韦尔策略，就必须使自己的威胁令人置信，也就是如果要价一旦遭到拒绝，你就会退出谈判。但这样的威胁在多数时候是不可置信的，因为只要双方都有交易利益，要价被拒绝后，继续谈判对双方还是有利的。对方知道这一点，并且他知道你也知道这一点。在另外一些场合中，要运用博尔韦尔策略的方法来赢得谈判，树立自己“翻脸无情”的名声，也是一个很有效的办法。

假设你正在谈一笔必须在24小时内敲定的交易，而且你想要运用博尔韦尔策略，只要不给对手还价的机会，就可以大大改善谈判的地位。比如说，你可以把报价告诉他，然后离开谈判桌。这样，你减少了回旋余地，同时也减少了对手的选择机会。如果你无法响应对手的还价，那么对手只要还有利可图，就只能接受你的要价了。只有你摆出一副宁为玉碎、不为瓦全的姿态，用自己的名声或者策略手段让对方相信，只要这个要价没有得到对方的合作，你也绝不姑息，博尔韦尔策略才会奏效。

如果一个大的承诺或威胁不可行，我们应该选择一个小的承诺和威胁，并有计划地加以运用。这叫做 3S 策略，即“小步慢行”（small step strategy）。要渐进式地、一步步走向与对方的公开冲突，这就是说，即使真的要进行战争，也应该让战争逐步升级，因为这样每一步投入的成本都比较小。而且，由于冲突是逐渐升级的，所以反对冲突升级的力量也较易于制止冲突的升级，这就会降低内乱发生的概率。小步前进缩小了威胁或许诺的规模，相应地缩小了行动规模，因而也更容易实施。

扩展阅读

John Von Neumann & Oskar Morgenstern

The Theory of Games and Economic Behaviour

Harold W. Kuhn

Classics in Game Theory

Robert Gibbons

A Primer in Game Theory

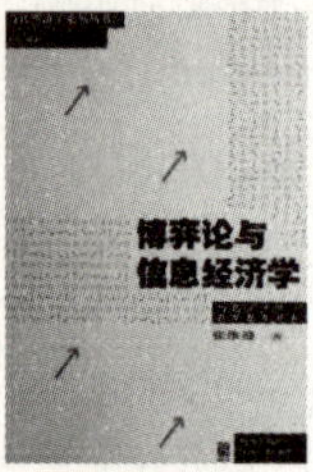

张维迎

博弈论与信息经济学

王则柯

博弈论平话

课程 10 宇宙

课程名称 宇宙学｜***Cosmology***

主　　讲 **Douglas Finkbeiner**｜哈佛大学天体物理学教授，哈佛—史密森天体物理研究中心研究员

课程简介

用物理模型描述宇宙的初始条件、进化过程和终极命运。主题包括宇宙动力学、罗伯逊一沃尔克度规、曲率、宇宙参数估算、宇宙加速膨胀、暗物质、引力透镜、微波背景辐射、核聚变、早期宇宙的膨胀和宇宙结构形成等。

什么是宇宙

爱因斯坦（Albert Einstein）曾经说："我并不假装理解宇宙——它比我大多了。"（I don′t pretend to understand the universe — it′s much bigger than I am.）当你站在空旷的荒野，仰头看着漆黑的夜空时，你可曾想到你正在注视宇宙——作为宇宙的一部分，注视那个庞大到你无法理解的宇宙。

宇宙（universe）是什么？universe 这个词来源于拉丁语的 universum，含义是"包罗万象"，所以宇宙就是一切的总和，一个由空间、时间、物质和能量所构成的统一体，一个包括其间所有物质、能量和事件的时空连续系统。

爱因斯坦还说过，"宇宙中唯有两件事物是无限的：宇宙的大小与人的愚蠢。"（Two things are infinite：the universe and human stupidity.）然而愚蠢的人类总是不由自主地去试图理解宇宙。庆幸的是，人们发现宇宙虽然很难理解，但并不是不可理解的，而且有着和谐的规律。于是人们又用表示"和谐"的词——cosmos 来命名这个宇宙，那么研究宇宙的宇宙学就叫做 cosmology。

在远古时代，人们对宇宙的认识处于十分幼稚的状态，他们通常按照自己的生活环境对宇宙的构造做出推测。古埃及人把宇宙想象成以天为盖、地为底的大盒子，大地的中央是尼罗河；古中国人认为天像一口圆形的锅，倒扣在平坦的大地上；古印度人想象圆盘形的大地负在几只大象上，大象站在巨大的龟背上；而古希腊人则认为大地是浮在水面上的巨大圆盘，上面笼罩着拱形的天穹。

当代天文学的研究成果表明，宇宙是有层次结构的、物质形态多样的、不断膨胀并运动发展的天体系统。但是人类仍旧没有能力描绘出全部宇宙的图景，只能不断大胆想象。有的人说宇宙其实是一个类似人的这样一种生物的一个小细胞，而也有人说宇宙是一种拥有比人类更高智慧的电脑生物所制造出来的一个程序或是一个小小的原件。还有人猜想，宇宙其实就是一个电子，宇宙是一个比电子更小得多的东西，宇宙根本就不存在，或者宇宙是无形的。也有人猜想，我们的宇宙生活在一个大的空间里，叫做“超空间”。在超空间里，有很多宇宙，而超空间的能量是守恒的，而且非常巨大。每当一个宇宙的能量上升时，他邻近的宇宙的能量就会下降。

恒星（fixed star）是宇宙中最常见的天体，夜空中的点点繁星绝大多数都是恒星。太阳是离我们最近的恒星，其次是半人马座的αC星，这颗被称为比邻星（Proxima）的恒星距离我们有4.22光年。最小的恒星是中子星（neutron star），直径有20千米到40千米；目前发现的最大的恒星是大犬座VY星，体积约为太阳的10亿倍。目前发现最老的恒星是HE 1523－0901，估计的年龄是132亿岁，大约46亿岁的太阳和它相比还是个青年人。

2500亿颗类似太阳的恒星和星际物质构成更巨大的天体系统——银河系（galaxy）。银河系中大部分恒星和星际物质集中在一个扁球状的空间内，从侧面看很像一个铁饼，正面看去则呈旋涡状。银河系的直径约10万光年，太阳位于银河系的一个旋臂中，距银心约3万光年。

银河系外还有许多类似的天体系统，称为河外星系（anagalactic nebula）。现已观测到大约有10亿个。星系也聚集成大大小小的集团，叫星系团（galaxy cluster）。平均而言，每个星系团约有百余个星系，直径达上千万光年。现在已经观测到的星系团有上万个。若干星系团集聚在一起构成更大、更高一层次的天体系统叫超星系团（supercluster）。超星系团往往具有扁长的外形，其长径可达数亿光年。通常超星系团内只含有几个星系团，只有少数超星系团拥有几十个星系团。

黑洞（black hole）是宇宙空间中存在的一种质量相当大的天体。黑洞是由质量足够大的恒星在核聚变反应的燃料耗尽而死亡后，发生引力坍缩而形成。黑洞质量是如此之大，产生的引力场是如此之强，以至于任何物质和辐射都无法逃逸，就连光也逃逸不出来。

宇宙天体处于永恒的运动和发展之中，天体的运动形式多种多样，包括自转（rotation）、绕系统中心的公转（revolution）以及参与整个天体系统的运动。比如太阳，在自转的同时向着武仙座方向以 20 千米/秒的速度运动，同时又带着整个太阳系以 250 千米/秒的速度绕银河系中心运转，运转一周约需 2.2 亿年。银河系也在自转，同时也有相对于邻近星系的运动。

已知宇宙中，除了大质量天体造成的局部时空褶皱之外是基本平坦的，就像平静的湖面有些许水波一样。根据通行的宇宙大爆炸理论（the Big Bang theory），宇宙是没有空间边界的，然而其空间大小可能是有限的。如果宇宙真是有限但无边界的话，人沿着宇宙中一条任意方向的“直线”走下去，最终会回到出发点，其路线长度可认为是宇宙的周长。这个周长是现在人类对宇宙的认识所无法想象的，因为它一定要比我们所见的宇宙部分大得多。目前可观测到的宇宙，是个以地球为中心的、直径约为 930 亿光年的球体。

根据天文观测和宇宙学理论，可以对可观测宇宙未来的演化作出预言。均匀各向同性的宇宙的膨胀满足弗里德曼方程（Friedmann equations）。人们认为，根据这一方程，物质的引力会导致宇宙的膨胀减速，宇宙的最终命运决定于物质的多少：如果物质密度超过临界密度，宇宙的膨胀最后会停止，并逆转为收缩，最终形成与大爆炸相对的一个“大挤压”（Big Crunch）；如果物质密度等于或低于临界密度，则宇宙会一直膨胀下去。另外，宇宙的几何形状也与密度有关：如果密度大于临界密度，宇宙的几何应该是封闭的；如果密度等于临界密度，宇宙的几何是平直的；如果宇宙的密度小于临界密度，宇宙的几何是开放的。

但是人们对宇宙的认识很长时间以来就停留在这些“如果”上面。正如斯蒂芬·温伯格（Steven Weinberg）所说：“了解宇宙的情形越多，就越感到无知。”科学界已发现宇宙的奥秘只不过是沧海一粟，已知的发现往往带来更多的疑问，奥秘的后面尚有无穷的奥秘；空间之外还有无穷的空间，时间之外更有多元的时间；粒子之下仍有更微的粒子，多元宇宙之外更有无穷的多元复度宇宙。这无穷无尽的谜题，吸引着人类不断探索。

宇宙大爆炸

在古代人的意识中，宇宙是永恒的存在，只有这样才能显示宇宙的和谐之美。即使爱因斯坦这样的大物理学家也曾经是“永恒宇宙”的拥护者。然而科学却告诉我们，宇宙并不是无始无终的。

宇宙起源于137亿年以前。在那遥远年代的一个瞬间，突然发生了一个大事件，这个大事件导致了整个宇宙的发展，并且最终产生了星系、恒星、地球和人类。宇宙学有个专门的称谓来特指这个大事件，叫做“大爆炸”（Big Bang）。

第一个提出大爆炸理论的是乔治·勒梅特（Georges E. Lemaitre），这个喜欢天文学的比利时天主教神父在研究了爱因斯坦的相对论之后，提出宇宙是在不断膨胀的，那么倒推回去，总有一个时间，宇宙聚集在一个点上，勒梅特叫它“原始原子”（primitive atomexplosion）。

几年后，勒梅特的假设得到了科学的验证。1929 年，埃德温·哈勃（Edwin P. Hubble）在威尔逊山天文台（Mount Wilson Observatory）利用口径 254 厘米的胡克望远镜建造了天文距离指示仪，这些仪器使他能够通过观测星系的红移量（red shift）来推测星系到地球的距离。

将光线通过三棱镜的折射，会产生按波长大小而依次排列的单色光图案，这就是光谱（spectrum）。每个发光源都会有独特的光谱，科学家就可以用星光的光谱来研究恒星。根据多普勒效应（Doppler effect），当光源向我们接近时，发出的谱线就会向光谱的蓝端移动，叫做蓝移；如果光源在后退，谱线就会向红端移动，叫做红移。哈勃发现，所有恒星的谱线都发生了红移，说明它们都在离我们远去，而且星系远离地球的速度同它们与地球之间的距离成正比，这就是哈勃定律（Hubble′s Law）。哈勃的发现验证了勒梅特的大爆炸理论。随着各种证据的不断完善，宇宙大爆炸学说成为迄今为止最合理、最受认可的宇宙诞生方式。

让我们将时间倒推到 137 亿年前，那时，宇宙处于一个密度和温度都无限高的状态，称之为奇点（singularity）。随后，奇点发生了超乎人类想象的大爆炸。

爆炸后 10^{-43} 秒，宇宙从量子背景出现。

爆炸后 -10^{-35} 秒，统一场（the unified field）分解为强力、弱力和电磁力和万有引力。

爆炸后 -10^{-5} 秒，质子和中子形成。

爆炸后 0.0001 秒，光子碰撞产生正反强子和正反轻子，未经湮灭的强子破碎为“夸克”。最后有十亿分之一的正粒子存留下来。

爆炸后 0.01 秒，光子产生强子的反应已经停止，中子与质子不断相互转化。

爆炸后 13.82 秒，创造物质的任务完成，中子衰变现象出现。

爆炸后 3 分 46 秒，反粒子全部湮灭，中子不再衰变，由 2 个质子和 2 个中子生成 1 个氦原子核。中子受核力约束而保存下来，宇宙进入核合成时代。

爆炸后 30 万至 70 万年，能量和物质处于热平衡状态。开始出现稳定的氢氦原子核，宇宙进入复合时代，逐步转变为以物质为主的时代。

爆炸后 4 亿至 5 亿年，物质粒子开始凝聚，引力逐渐增大，第一批恒星星系形成。原子在恒星的内部发生了核聚变反应，出现了氦、碳、氧、镁、铁等元素原子核。宇宙有了我们现在看到的这个样子。

对星系和类星体的分类与分布的详细观测为大爆炸理论提供了强有力的支持证据。理论和观测结果共同显示，最初的一批星系和类星体诞生于大爆炸后 10 亿年，从那以后，更大的结构如星系团和超星系团开始形成。由于恒星族群不断衰老和演化，我们所观测到的距离遥远的星系和那些距离较近的星系非常不同。此外，即使距离上相近，相对较晚形成的星系也和那些在大爆炸之后较早形成的星系存在较大差异。这些观测结果都和宇宙的稳恒态理论（steady state theory）强烈抵触，而对恒星形成、星系和类星体分布以及大尺度结构的观测则通过大爆炸理论对宇宙结构形成的计算模拟结果符合得很好，从而使大爆炸理论的细节更趋完善。

与普通的爆炸相同，宇宙大爆炸也因为核聚变反应而产生了极高的热量，然后在百亿年的时间中慢慢冷却。1948 年，拉尔夫·阿弗尔（Ralph Alpher）和罗伯特·赫尔曼（Robert Herman）提出，大爆炸产生的辐射目前的理论温度大约在 5 开尔文（相当于摄氏零下 268.15 度），但是没有什么证据可以支持这种说法。17 年后，贝尔实验室的无线电工程师阿尔诺·彭齐亚斯（Arno Penzias）和罗伯特·威尔逊（Robert Wilson）十分意外地发现了这种宇宙辐射场。当时他们正在为跟踪卫星而校准一具很灵敏的无线电天线，却发现接收器中存在着无法阐明的噪声信号。这个相当于波长 7.35 厘米的微波信号不随时间发生变化，显然也与天线上的鸽子窝和鸟粪没有任何关系。恰巧附近普林斯顿大学里由罗伯特·迪克（Robert Dicke）领导的一个小组正在研究阿弗尔和赫尔曼的预测。罗伯特·迪克意识到，两位无线电工程师发现的微波信号如果是热辐射，那么它所具有的能量就相当于 2.725 开尔文的温度！于是，给大爆炸理论以最有力支持的宇宙微波背景辐射（cosmic microwave background radiation）被发现了。

宇宙微波背景辐射的最重要特征是具有黑体辐射谱（black－body radiation spectrum）。只有通过辐射与物质之间的相互作用才能形成黑体谱，而现在宇宙空间的物质密度极低，辐射与物质的相互作用极小，所以微波背景辐射是极大时空范围内的事件，我们今天观测到的黑体谱必定起源于很久以前。微波背景辐射的另一特征是具有极高度的各向同性（Isotropic），这说明在各个不同方向上相距非常遥远的天区之间，应当存在过相互的联系。换句话说，在 930 亿光年大小的宇宙中，距离非常远的两部分曾经是挨在一起的。

1989 年，美国宇航局（NASA）发射了宇宙背景探测者卫星（Cosmic Background Explorer，COBE）。卫星探测数据表明，宇宙微波背景辐射在不同方向上存在大约百万分之五的温度差异，正是这个差异造成宇宙物质分布的不均匀性，最终得以形成诸如星系团等的一类大尺度结构。从此，宇宙学进入了“精确研究”时代。

大爆炸时空的一个重要特点就是视界（horizon）的存在：由于宇宙具有有限的年龄，并且光具有有限的速度，然而空间在不断膨胀，并且越遥远的物体退行速度越大，从而导致从这里发出的光有可能永远也无法到达那里，因此可能存在某些过去的事件无法通过光向我们传递信息。那么宇宙之外又是什么？科学家为此又提出了多重宇宙（multiverse）和平行宇宙（parallel universes）假说，让想象力突破光的屏障。

说几句题外话。当勒梅特和爱因斯坦探讨自己的理论时，爱因斯坦说："数学上是对的，物理上真讨厌。"教皇庇护十二世（Pope Pius XII）倒是很喜欢这个理论，因为它和《圣经》里的"创世纪"如出一辙，但勒梅特却给教皇写信提出了自己的异议："不要这样说，这是科学理论，由此得到的预测可以测量，可以检验。您的信仰与此无关……"

不断假设、探索、修正，这就是科学的魅力。或许有一天，人类在科学的帮助下能够突破视界的限制，遨游在那些我们曾经无法触及的宇宙之中。

暗物质与暗能量

即使不论视界之外的宇宙，就是现在人类所在的宇宙中，仍旧有无数未解之谜。仰望星空，浩瀚无垠，但是人类穷尽现有的观测手段，也只能探测到宇宙中所有物质的4%。1915年，爱因斯坦根据相对论得出推论：宇宙物质的平均密度必须达到5×10^{-27}千克/立方厘米，才能让整个宇宙保持稳定。但迄今可观测到的宇宙的密度，却比这个值小了100倍。宇宙的物质密度这么小但又能保持稳定，说明很多我们看不见的物质藏在宇宙中。

20世纪40年代，瑞士天文学家弗里兹·扎维奇（Fritz Zwicky）发现星团中的每个成员都在高速运动，如此高的速度要求整个星团拥有极大质量，大到足以吸引住这些高速运转的成员不至于被甩飞出去。让他困惑的是，根据观测，这些高速运动的成员质量加起来还不到星团总质量的三百分之一，其余的质量失踪不见，他由此提出了暗物质（dark matter）的存在。不过，当时的许多人都不相信兹维基的结果，认为他的观测出错了。

到了 70 年代，维拉·鲁宾（Vera C. Rubin）发现了星系边缘的反常现象。按照力学定律，这些相对靠外的恒星应该比靠近星系核心的恒星移动速度更慢，但鲁宾的观测研究却出现了反常状况——行星距离中心越远，运动速度越快。这让当时的科学界意识到，确实有些人们不知道的物质悄然存在。

在宇宙学中，暗物质特指那些不发射任何光及电磁辐射的物质。暗物质无法直接观测到，但它却能干扰星体发出的光波或引力，其存在能被明显地感受到。

2007 年，一个国际天文研究小组在室女座星系团中观测到星系 NGC4254 周围有着典型的气体发光现象。接下来的重力测量结果显示，这个星系旁边肯定存在着一个巨大星系，但是他们却无论如何也观测不到这个星系。在荷兰的威斯特博尔克综合射电天文望远镜（Westerbork Synthesis Radio Telescope）帮助下，科学家们终于估计出这个星系的大小，将其编号为 VIRGOH121（室女座 H121 星系）。后来，通过哈勃望远镜进一步观测，证明该星系中没有存在任何一颗恒星，甚至连构成普通恒星和行星的物质也找不到，是全部由暗物质构成的星系。科学家甚至无法使用图片来形容这一研究成果，因为那里根本就是一片黑暗。

2011 年 10 月，天文学家利用哈勃星群透镜和超新星测量器具 CLASH 对巨大透镜星系群 MACS1206 进行跟踪研究，通过使用先进的照相设备及宽视场照相机来覆盖一个十分广阔的波长领域。星系群 MACS1206 距离地球大约 45 亿光年，有着巨大的超强引力，导致其周围的物质发生扭曲，包括它周围的时空构造及附近其他行星上发出的光芒，都在该星系群引力的影响下变得弯曲。远远看去，该星系群就像是一个将周围物质全都扩进视线中的巨大的“镜头”。天文学家认为，星系群MACS1206周围的光和空间发生弯曲，足以证明在该星系群中存在大量的暗物质，否则以它目前的质量根本不足以产生如此巨大的超强引力，让整个空间都发生变形。

宇宙的大尺度结构是泡沫状的，无数星系聚集成星系长城（The Great Wall）成为泡沫的连接纤维，而纤维之间是巨大的宇宙空洞（cosmic hole），直径达1亿至3亿光年。如果没有暗物质的附加引力帮忙，这么大的空洞是不能维持的。

物质是由基本粒子构成的，那么暗物质的构成又是什么样的呢？标准粒子模型给出的62种粒子中，能够稳定地独立存在的粒子只有12种。这12种稳定粒子中，电子、正电子、质子、反质子是带电的，不可能是暗物质粒子；光子和引力子的静止质量是零，也不可能是暗物质粒子。因此，如果暗物质粒子真的包含在62种基本粒子中，那最有可能的是三种中微子（电子中微子、μ中微子和τ中微子）以及它们的反中微子。但这也仅仅是猜测而已。

但是暗物质并非无处不在，它们只在某些地方聚集成团状。有暗物质的地方就有恒星和星系，没有暗物质的地方就什么都没有。经过测算，暗物质占据了宇宙总质量的23%，加上普通物质不到4%的总量，还有73%的宇宙神秘而未知。这些充填余下宇宙密度的部分只有物质的作用效应而不具备物质的基本特征，连物质都称不上，只能暂且被称为暗能量（dark energy）。

宇宙中存在暗能量的概念，需要追溯到爱因斯坦在1917年从广义相对论中导出的一组引力方程式。方程的结果显示，宇宙一定处于永恒的动态中，这就与爱因斯坦曾经坚信的静止宇宙观相违背。为了使宇宙显示静止状态，爱因斯坦不得不给方程式加入一个人为的常数项，即宇宙常数（cosmological constant，以希腊字母Λ表示）。1929年，埃德温·

哈勃仔细测量星系后得出“宇宙一直在膨胀”的结论，并且这一观测结果完全与引入宇宙常数之前的引力方程的计算结果相符合。爱因斯坦得知消息后非常懊悔，便从方程式中剔除了这个臆想的常数。从1998年开始，科学家观测到遥远超新星亮度比预期的更暗，也就是说宇宙是在加速膨胀，所有遥远的星系正以越来越快的速度飞奔而去，这就预示着宇宙中存在某种“巨大的东西”，也让这个被爱因斯坦放弃的宇宙常数重新赋予了暗能量的含义。

如果暗能量就是这个宇宙常数，那么它的力量强弱将只和宇宙的大小、体积有关。随着宇宙的膨胀，暗能量也将随着空间增大而加强力量。最终，它会达到一个临界点，使得宇宙从减速状态变成加速状态，并且一直加速下去。这和科学家们的观测结果相符合：宇宙经历过暴胀后，膨胀速度一度曾经变慢，直到90亿年前出现另外一种力量加大膨胀力度，又经过一番数十亿年的僵持后，在50亿至60亿年前，这种未知力量占据上风，让宇宙转变为加速膨胀状态，并且一直持续至今。

暗能量无处不在，反而让人们很难意识到它的存在。它是均匀分布的，不会在某个地方聚集成团。不论是在家中的客厅还是在星际空间，暗能量的密度都完全一样，约为10^{-26}千克/立方厘米，相当于几个氢原子的质量。而太阳系中所有的暗能量加起来，仅与一颗小行星的质量差不多。所以，只有在巨大的空间尺度上和时间跨度上，才能体现出暗能量的影响力。

有人认为，暗能量在宇宙中更可能是一种背景，它就像是空气相对于人类或者是大海相对于鱼儿一样，故而在宇宙物理学上它的确表现得更像真空，因此也有人把暗能量称为真空能（zero point energy）。这种由量子物理理论所预示的现象一旦被证明存在，就将成为独立于万有引力、电磁力、强力和弱力之后在自然界中普遍存在着的“第五种力”。

暗能量的困扰让宇宙学研究呈现一种混沌状况。关于暗能量研究的最大困难，在于研究手段十分有限，目前仍然是借助于对超新星爆炸的观测。但是这些超新星距离地球非常非常遥远，观测它们的难度，就像在两个月球的距离之外观测一个60瓦的灯泡。

1979年诺贝尔物理学奖得主斯蒂芬·温伯格（Steven Weinberg）曾明确表示："如果不解决暗能量这个路障，我们就无法全面理解基础物理学。"但是，何时才能得出这个问题的答案，目前还是一个巨大的问号。

外星生命和空间探索

宇宙如此广袤，是否在某个角落有着同人类一样的智慧生命存在，又是否有一颗星球像地球一样适宜人类生存？从务实的角度来说，太阳系的寿命是有限的，在太阳膨胀为红巨星（red giant），地球毁灭之前找到另一个安居之所是必需的。当然，人类离这一天还有数十亿年的时间，这个课题现在更像人类面对孤独的自我安慰之举。

人类已经在地球上生活了大约两三百万年。从前人类以为自己是万物之灵，宇宙间唯一有智慧的生命，甚至认为地球是整个宇宙的中心。随着科学技术的进步，人们的眼界开阔了，才懂得宇宙的广大无边。于是人们想象：宇宙这样宽阔，或许其他星球上会生活着一种与人类相似的智慧生物。

16世纪，有人用望远镜观测火星时，发现了许多互相交错的网纹，便以为那是"火星人"开凿的"运河"。而今天有关不明飞行物（unidentified flying object，UFO）、麦田怪圈（crop circle）和第三类接触（Close Encounters of the Third Kind）的传说更是此起彼伏。

外星人（extra－terrestrial，E. T.）是否存在？乐观的看法认为，宇宙这么大，历史这么悠久，外星文明是应该存在的。我们的太阳只是银河系中大约 4000 亿颗恒星中的一颗，银河系也只不过是宇宙中数十亿星系中的一个。如果给与足够的时间，一只猴子足以在打字机上敲出莎士比亚的名著，在 140 亿年的宇宙历史中，出现几个智慧物种的概率貌似比猴子写出莎士比亚名著的可能性要大得多。

天文学家、天体物理学家弗兰克·德瑞克（Frank D. Drak）是乐观派中的一员。1961 年，他提出一个计算银河系中智慧文明数量的公式，即德瑞克方程（Drake Equation）：

$$N = R^* \times Fp \times Ne \times Fl \times Fi \times Fc \times L$$

方程中一共有 7 个自变量：

（1）R^* 代表银河系每年诞生的恒星的数量。

（2）Fp 代表有行星的恒星的比例。

（3）Ne 代表行星中存在着合适生物圈的恒星的数量。

（4）Fl 代表行星上进化出生命的概率。

（5）Fi 代表能够让智慧生命进化发展的概率。

（6）Fc 代表智慧生命能够达到一定的科技并试图和外界交流的概率。

（7）L 代表可交流的文明所存在的时间的长短。

显然，这 7 个变量都不是 0，那么银河系中可以沟通的文明数量 N 就绝对不会是 0。按照著名天文学家、科普作家卡尔·萨根（Carl E. Sagan）的估算，N 的值是令人惊讶的 100 万，而弗兰克本人较为保守的估计为 10 万。

如果宇宙中真的存在这么多的智慧生命，为什么我们还没有看到他们呢？1950年，著名物理学家恩利克·费米（Enrica Fermi）在和同事闲聊外星人的时候也提出了同样的问题。这便是困扰了乐观派很多年的费米悖论（Fermi’s Paradox）。费米悖论讲述的是有关尺度和概率的论点和稀缺的证据之间的矛盾，宇宙显著的尺度和年龄意味着高等地外文明应该存在。但是这个假设得不到充分的证据支持。

费米悖论的第一点，即尺度问题，是一个数量级估计。即使智慧生命以很小的概率出现在围绕这些恒星的行星中，那么仅仅在银河系内就应该有相当大数量的文明存在。这也符合平庸原理的观点，即地球不是特殊的，而仅仅是一个典型的行星，具有和其他星体相同的规律和现象。

费米悖论的第二点是对尺度观点的答复。考虑到智慧生命克服资源稀缺的能力和对外扩张的倾向性，任何高等文明都很可能会寻找新的资源和开拓他们所在的恒星系统，然后是涉足邻近的星系。因为在宇宙诞生137亿年之后，我们没有在地球或可观测宇宙的其他地方，找到其他智慧生命存在的切实可靠的证据，因此可以认为智慧生命是很稀少的，或者说我们对智慧生命的一般行为的理解是有误的。

1975年，麦克·哈特（Michael Hart）在论文《关于地球上地外文明缺席的解释》中首次把费米悖论作为一个严肃的概念来讨论。针对费米的问题，他提出四种解释：

(1) 对地外文明而言，进行星际旅行还不可行；

(2) 从动机分析，地外文明不打算和人类进行接触；

(3) 地外文明刚刚出现不久，和人类的接触还需要一段时间；

(4) 地球已经被外星文明拜访过了，只是我们不知道而已；

哈特逐一进行讨论后，认为以上四个理由都不成立，由此得出的反推结论只能是：地外文明根本不存在。

行胜于言。有些科学家没有沉迷于数学公式和哲学思考，而是积极地寻找外星文明存在的证据。1959 年，《自然》杂志（*Nature*）发表了一篇想象力十足的文章《寻求星际交流》（*Searching for Interstellar Communications*），天文学家朱塞佩科可尼（Giuseppe Cocconi）和物理学家菲利普·莫里森（Philip Morrison）在文章中提出可以利用微波辐射来探测银河系其他文明的构想。他们还研究了进行星际无线电波交流的最佳波长：因为氢是宇宙中最丰富的元素，所以它的 21 厘米波长也容易探测到。这篇文章大大激发了人们探测地外文明的热情，增强了人们的信心。因为它告诉我们，只要有外星人，只要外星人的科技水平和我们差不多，我们之间就可以互相交流。

1974 年，阿雷西博天文台（Arecibo Observatory）为了庆祝当时世界上最大的 305 米单面口径射电望远镜改造成功，弗兰克·德瑞克用它向 24000 光年以外的 M13 球状星团发射了一段信息，即著名的阿雷西博信息（Arecibo Message）。信息由 1679 个字节组成，其中包括了用二进制表示的十个数字、DNA 所包含的 5 种化学元素——氢、碳、氮、氧、磷的元素序号、核苷酸的化学式和人体 DNA 中的核苷酸数量、DNA 的双螺旋结构、人的外形和大致尺寸、1974 年全球的人口数量、太阳系的组成和地球的位置以及一个射电望远镜的图形。整个发射耗时 3 分钟。

弗兰克·德瑞克还主导了“在家搜寻外星智能”的活动，即 SETI@home。这个项目将阿雷西博射电望远镜从宇宙中采集到的海量无线电信息分成一个个小数据包，发送到互联网上，由来自 226 个国家和地区、超过 500 万台属于志愿者的个人计算机进行分析处理。虽然这个项目还没有发现任何外星生命的信号，但已经确认了几个候选目标作进一步的分析，比如来自双鱼座和白羊座之间的某个地方，集中在氢原子所在的 1420 兆赫特征频率附近、编号为 SHGb02＋14a 的无线电源。

向外太空发射探测器是另一种寻找外星智慧生命的努力方向。1972年，美国发射了先驱者10号飞船（Pioneer F），它于1987年飞出了太阳系。飞船搭载的金属片刻画了人类的形象、人类居住的地球以及太阳系的位置。1977年，旅行者一号飞船（Voyager 1）又给地球之外带去了更丰富的信息，包括一部结实的唱机和一张镀金的唱片，唱片上收录了几十种人类语言和多首音乐作品。

或许在我们能够想象的时间内，都没有可能真正与外星智慧生命相遇，但科学试图回答人类起源、智慧生命因何而生等一系列疑问的努力不会停止。能够回答“我们孤独吗?”这个问题本身，足以激动人心。

扩展阅读

Stephen W. Hawking

A Brief History of Time: From the Big Bang to Black Holes

Stephen W. Hawking

The Universe in a Nutshell

Steven Weinberg

The First Three Minutes: *A Modern View of The Origin Of The Universe*

Elward R. Harrison

Cosmology: *The Science of the Universe*

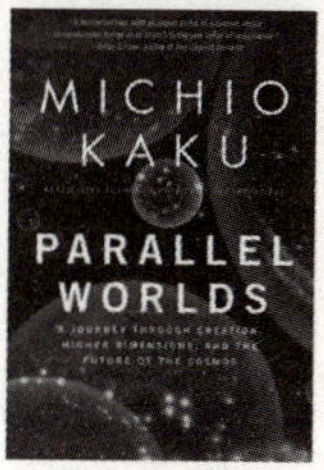

Michio Kaku

Parallel Worlds: *A Journey Through Creation*, *Higher Dimensions*, *and the Future of the Cosmos*

课程 11 创造力

课程名称 天才、疯子和哈佛的学生｜***Geniuses, Madmen, and Harvard Students***

主　　讲 **Shelley H. Carson**｜哈佛大学继续教育学院讲师，心理学部副主任，学生心理健康社团指导

课程简介

创造力是人类作为一个物种生存和发展必不可少的能力。艺术创新丰富了人们日常经验的广度，而科学创新延长了人们的寿命，使生活环境更舒适，打开了令人惊奇的外层空间和内心世界。本课程从生物、心理、社会三个不同的等级进行分析，提供对创造力理论和当代研究的概述，以及当下研究的问题。课程的主题包括：创造力的定义和测量、创新过程的本质、创造性人格、创造力对日常生活和文化的作用、创造力与智商的关系，以及与创造力相关的精神病理学。

创造改变世界

1971 年的伦敦国际园林建筑艺术研讨会将最佳设计奖授予沃尔特·格罗皮乌斯（Walter Gropius）设计的迪斯尼乐园小路。格罗皮乌斯没有自己去画小路的设计图，而是让工人在连通各个景点的空地上都撒上草种。半年的试运行结束后，草地被人们踩出许多小路，这些路有宽有窄，方便自然。格罗皮乌斯就让工人按这些踩出的痕迹铺设了人行道。

创新（innovation）就是第一次出现或前所未有的东西，它表述的是一种永无止境的更新，当然包括观念、方法的不断改进。实现创新往往被归结为发明家和专家的任务，因为它似乎无法像求解一个数学问题那样有规律可循。然而要得到更好更完美的解决方法，我们就只有创新，那种依循规律来解决问题的方法有时根本就不能真正解决问题。

人人都有创新能力，每个人都能创新。如果解决创新性问题能像求解数学题一样，那么那些取得了高学历、受到了“高等级”教育的人就一定能够实现创新。然而高智商的人并不一定就能取得创新成果，反而有些没读过多少书的人却在创新上取得了很好的成就。因为创新能力不同于观察力、记忆力、思维力、想象力等一般能力，它更多地表现为一种潜能，有着巨大的发展潜力。高智商的人在创新面前跟普通人一样，没有任何的优势，普通人的创新能力决不会差于高智商的人。

一个人如果没有创新的心态，不管他遇到多少多么可贵的机遇，也不管他有多么高的智商，有多么好的条件，他永远也不会在创新上有所建树。有些人读了一辈子的书，在理论上说起来头头是道，然而实际做起来就不是那么一回事了。有那么一种人，他们做事解决问题首先总会想我的资料上有没有，是不是有理论依据。因为他们的思想都被那些所谓的知识给困住了，这类人仅仅只能充当一部高级的计算机。他们解决问题时只会是循着一条永远不变的路走下去，不会根据具体的情况来进行具体的分析，没有创新的心态，就永远也不会创新。

创新需要有一个良好的、有利于产生创造的心境，在心理学中叫做创造心境（creative mood）。创造心境是进入创造角色时的一种自我心理体验，是一种主客观交融的和谐美，是一种生气勃勃的、积极进取的精神状态。创造心境包括动机的产生和创造的需要。创造冲动是由于对创造活动的向往而产生的一股跃跃欲试、不可遏制的激情，但它是一个短暂的过程，这种激情只有转化为创造心境，创造才能持续下去，才可能实现创造的目的。

人性有一个缺点，就是不相信他们不了解的事物。当马可尼（Guglielmo Marconi）宣布他发明了一种不需要电线，就可传递信息的方法时，他的亲戚甚至把他送到精神病院去检查，他们还以为他失去了理智呢。在没有调查清楚之前，就采取鄙视的态度，只会限制你的机会、应有的信心、热忱以及创造力。不要把质疑未经证实的事情，和认为任何新的事物都是不可能的两种态度混为一谈。正确思考的目的，在于帮助你了解新观念或不寻常的事情，而不是阻止你去调查它们。

要使自己保持创新的心态，就不能被“看起来似乎理所当然的事”所迷惑。尤其是那些虽然有错误，却不至于太过愚蠢的想法。这些错误是那些理解力很强，思虑也很缜密的人们，在努力追求真理的过程中，由于一时的松懈、精神不集中、缺乏洞察力而产生的。这一类的例子很多，其中有一些是有史以来人们一直深信不疑的。

其次，对于头脑里冒出来的想法，首先要重新评估一下，它是否“真的是自己的意见”。虽然需要花费较长的时间，但还是要能养成用自己的头脑，仔细思考事情的习惯。首先，要把现在的想法加以检讨，想想看，是自己真的那么想，还是照别人告诉你的去想的，会不会是偏见或错误的信念。你就从这些问题开始思考吧。如果没有偏见，希望你能用自己的头脑，听听各种人的意见，想想看是对或错，或者有哪个地方不对，然后再综合各种意见，归纳出自己的看法。否则的话，当你发现自己拥有判断力时，往往已经被偏见误导了。虽然你自己可能并未察觉，但是却养成了错误的想法，取代了对于真理的追求。

要敢于否定前人，培养提出问题的能力。学习新知识，不能完全依靠老师，也不能盲目迷信书本，应勇于质疑问题。勇于提出问题，这是一种可贵的探索求知精神，也是创造的萌芽。创造的机制是：由于知识的继承性，在每个人的头脑里都容易形成一个比较固定的概念世界，而当某一些经验与这一概念世界发生冲突时，惊奇就会开始产生，问题也开始出现。当人们有摆脱“惊奇”和消除疑问的愿望，便构成了创新的最初冲动，因此，“提出问题”才是创新的重要前提。

许多人都对自己的生活、工作和发展前途有着美好的憧憬与设想，很想尝试新事物，攻克新课题，为自己开辟新的生活或事业。但他们往往是还没有开始干，或者刚一开始碰到困难就预想到失败，害怕出丑，或是担忧白白地耗费了自己的心血与精力，甚至是“莫名其妙”的感到事情不妙，于是束手不干，只是安于现状。

尝试新事物会有遭到失败、被人笑话的危险，但任何事情要等到有十足的把握再去干，那就只有永远等下去了，这一天永远不会来到。世界上没有任何一样新事物不经实践就会有十足的把握，不经努力就会一举奏效。不去尝试和实践，你不坚持努力固然不用担心害怕什么，但也绝无前进的希望和成功的可能。

失败和错误本身是创新的一个组成部分，只要进取，就必然会有失误。当遇到挑战和严峻形势的时候，人们大多习惯于小心谨慎，如果不是考虑怎样发挥自己的优势和潜力，而是把注意力集中在怎样才能缩小自己的损失上，这就必然以失败告终。

凡事谨慎从事是为了避免可以避免的失误和挫折，但不是不敢冒险，不是要等一切有十足的把握才去行动，不是要放弃求变创新。任何求变创新都会有一定的风险，有些人尽管不安于现状，也有一定程度的进取心，但一旦面临着挑战，总是往坏处去想，总是提心吊胆地害怕失败。这种消极心态不改变，即使硬着头皮去“求变创新”，也会浅尝辄止，阻挡自己的进取。适当地考虑到求变创新中可能遇到的困难和问题，不会阻挡你的进取，可以使你少走弯路。但你害怕失败，就会对困难和挫折有所夸大，这必然会阻挡你的进取，让你放弃求变创新。

有了创新性的想法，如果不去努力实施，再好的想法也会离你而去。想努力去做，却又因为短期内收不到成效而不持之以恒，也会同成功失之交臂。爱迪生（Thomas Alva Edison）说：“天才是1%的灵感加99%的汗水。”坚持努力，持之以恒，才会如愿以偿。

破除思维定势

创造意识的大小取决于两个相互支持又相互影响的因素：知识的积累和不被束缚的能力。思维定势就是束缚人的创造力，阻碍人们发明创新的罪魁祸首。

思维定势（thinking set）就是思想的习惯，是由过去的感知影响当前的感知的一种相对稳定的思维方式。思维定势往往具有强大的惯性和自我封闭性，其影响有利有弊。优良的习惯会提高思维的合理性和效率，不良的习惯往往会成为思维障碍甚至个性缺陷，即人们常说的“思维惰性”、“思维定势负效应”。思维定势主要有心理定势、专业定势和经验定势等形式。

心理定势（mind—set）是对某一特定活动的准备状态，它可以使我们在从事某些活动时能够相当熟练，甚至达到自动化程度，可以节省很多时间和精力。但同时，心理定势的存在也会束缚我们的思维，使我们只会用常规方法去解决问题，而不求用其他“捷径”突破。心理定势还会表现为一些心理障碍，是束缚人们开发自身创造力的习惯性心理，主要有自卑、自满、成见、单向性和神秘感等。自卑（Inferiority）是人们在自我评价上自我贬低的心理现象。表现在对困难望而生畏，对自己的创造潜能估计过低，对自己的能力缺乏信心，对成功不抱希望等等。还有一种自卑就是对所处的体系或组织缺乏自信。自满（complacent）是人们在自我评价上自我满足的心理现象，表现为安于现状，不思进取。成见（prejudice）是人们对事物的主观的固定不变的看法。人们常常用固定的思路、习惯的方式去面对问题，但往往摆脱不了困扰。成见的另外一种表现就是“习以为常，熟能生巧”。单向性思维（unidirectional thinking）就是思考问题的单一性、片面性和孤立性的习惯，或者说是顺向思维、垂直思维和单向思维等思维定势。神秘感（mystery）是对事物的复杂程度和解决问题的难度估计过高所造成的心理障碍，与自卑感互为映射，常常结对存在。

专业定势（professional set）是指因从事某一专门技术和行业所产生的思维定势。1956 年，加州圣地亚哥市的科特饭店（El Cortez Apartment Hotel）因为原有的电梯不够用，打算增加一部。负责工程的建筑师认为，要安装新电梯的话必须在每层楼板上打个大洞，但是这样势必会尘土飞扬，导致饭店短暂停业。正当业主和建筑师在酒店大堂讨论得焦头烂额的时候，一个刚巧路过的行李员低声说：“要是我，就会把电梯装在楼的外面。”于是，世界上第一部全玻璃结构的室外观景电梯“星光快车（Starlight Express）”就这样诞生了。建筑师之所以没想到室外电梯这样既新颖又方便改造的设计方案，就是因为他被建筑行业已有的想法所束缚，产生了专业定势思维。

经验（experience）是指人们在实践过程中通过感官直接接触客观事物获得的对事物的表面现象的初步认识。生活需要经验，不能缺少经验，并且每天都在产生新的经验。但是经验具有两面性，它同时具有很大的局限性和片面性。经验能使我们少走弯路，却又有可能误导我们，甚至使我们堕入迷途。所以，如果拘泥于经验，过分依赖经验，就会助长心理惰性，削弱想象力，形成固有的思维模式，从而束缚创造力。

思维有逻辑思维（logical thinking）和非逻辑思维（illogical thinking）之分。逻辑思维讲究准确性、严密性和条理性，是我们在日常生活、科学技术、社会人文、工作生产学习等各个领域中都不可缺少的思维方式。学生们在学校里所受到的思维教育和训练，也大多属于逻辑思维。非逻辑思维的形式主要有形象思维、发散思维、逆向思维和灵感思维等形式。它具有创新思维所体现出的流畅性、灵活性、突变性和跳跃性。

逻辑思维是一切科学技术和创造发明的基础。非逻辑思维也同样是重要的思维方法，否则，大胆联想、自由想象、纵横模拟等思维方法就无法发挥作用。问题在于，逻辑思维经常形成一种思维定势，限制了人们的思路，非逻辑思维又往往被人忽略了。僵化和呆板使人变得迟钝，断了思路，所以，也就很难做到别出心裁，另辟蹊径，更谈不上有源源而来的新点子、新方法和新途径了。

一次，著名的教育家霍瑞思·曼（Horace Mann）参观一所公立学校时，走进一间高三的教室，拿起粉笔，在黑板上画一个实心的小圆。他问学生：“这是什么？”90%以上的学生都说那是一个点，其他的学生则说是一个句号。他在小学三年级的教室里又重复一次这个实验。结果出现了 27 种不同的答案，从“我爸爸的秃头”到“上帝的眼睛”都有。小学三年级和高三学生的答案为什么出现这么大的差异？这是左脑的逻辑思维能力发展程度不同所致。

我们的左脑司职逻辑、线性及分析性思考，而右脑则控制想象力、创造力及冲动性思考。左右脑虽然各司其职，但运作却相辅相成。例如：当我们想到某人时，右脑的运作使我们想到他的脸，左脑则使我们想到他的名字。随着逻辑思维能力的不断发展，右脑的功能会受到一定程度的抑制，创新的能力也随之受到束缚。所以爱因斯坦（Albert Einstein）才会说：“没有通向创造发明的逻辑通道。”

幻想能给人以灵感，想象能描绘虚构的事物或虚拟的规律，联想能在事物之间建立新的联系并发现其间的共同点和规律：这些形象思维方法都能帮助人们思考和解决问题。在对事物的认识过程中，当所掌握的科学资料不完备或者不确定时，人们要提出任何假设或假说，就必须也只能运用想象等形象思维。模拟和想象都属于形象思维，非逻辑思维。在创新过程中，我们要突破的仅仅是逻辑思维束缚或压抑下的非逻辑思维的“逻辑思维定势”，而不是逻辑思维。

人人都具有创造力，但并不是每个人的创造力都可以发挥出来，成为现实的创造。只有给每个人提供适当的机会和条件，才可以把每个人身上潜在的创造力发挥出来。然而我们对外界的因素往往只能够接受和适应，所以对我们自身的思维控制就显得尤为重要。

心理学家总结了十个“不要”，只有这样去思考，才能不被经验所束缚，使自己的创造力不至于被湮没：

不要轻易怀疑“不合逻辑”的结论；

不要轻易怀疑“荒诞”的结论；

不要轻易否定“模棱两可”的结论；

不要轻易相信“只有一个答案”的结论；

不要轻易相信“遵守规则”的结论；

不要轻易相信“既成事实”的结论；

不要轻易相信“犯错误就是坏事”的结论；

不要轻易相信“隔行如隔山”的结论；

不要轻易相信“权威结论”；

最重要的是：不要轻易相信“自己没有创造力”这个结论。创新思维没有禁区，人人都具有创造力。只要不轻易相信，不自己否定自己，每个人都能够创造成功。

培养创新能力

创造是一系列连续、复杂的高水平心理活动的综合，所以创造力（creativity）也是一种心理能力。既然是能力，就可以在后天加以培养。

首先，学习是创造力的基础。学习就是对行为的目标、取得目标的手段、达到目标的途径和获得目标的结果的认知，就是期待或认知观念的获得。因此，在学习的过程中，我们必须重视学习的中介过程，即认知过程的研究，强调学习的认知性和目的性。

著名高尔夫球教练艾里克斯·莫里森（Alex Morrison）曾经总结出一套系统的心理训练方法。他说，只要坐在安乐椅上，在心里练习他所谓的“莫里森七要诀”，就能提高成绩。他认为，高尔夫比赛中心理因素占90%，身体因素占8%，技巧因素只占2%。莫里森训练法的中心是“把一切事情做成功，你首先对这件事情要有一副清晰正确的心理图像”。很多人在学习中，过于注重技术而忽视视野和思维方式的训练。实际上，对于事物的真实了解程度，在很大程度上是取决于自己的心理认知的。一个人对事物的心理认知程度，对创新能力的发掘有着近乎决定性的影响，只有在充分熟悉的基础上，才能创造出巧妙的方法。

但另一方面，学习本身不会带来创造力，甚至可能束缚创造力。学习的本质是模仿（imitation），即有意或无意的效仿或再现与他人类似的行为活动。模仿能使个人学到一些新的行为，使潜伏的行为显现，并使已有的行为加强或改变，是人类传授知识的一条重要途径。只有在模仿的基础上，才能有所创新，但是模仿又会阻碍创新的心态，尤其是刻意的模仿。因此，我们必须了解模仿的对象是否合乎学习的逻辑，是否具有积极的意义，是否具有模仿的价值，否则就会变成无用的“书呆子”。

书呆子（nerd）是怎么产生的呢？可以用认知心理学中的迁移效应（migration effect）来解释。所谓迁移效应，是指先行学习对后继学习的影响，它有三种效应方式：先行学习 A 促进了后继学习 B 的效应，称为正效应，又叫做前摄易化或倒摄易化；先行学习 A 干扰和阻碍了后继学习 B 的效应，称为负效应，又叫做前摄抑制或倒摄抑制；先行学习 A 对后继学习 B 没有产生任何影响，称为零效应。一般情况下，零效应出现的可能性很小。也就是说，前面的学习很容易对后面的学习产生影响。

迁移效应给我们的启示是：在学习中要做到触类旁通，举一反三，通过灵活的思考主动运用学习的正迁移效应。同时注意通过有目的地练习，来消除负迁移。只有这样才能学有所成，继而开拓创新。

思维是有一定方法的，创新就是要突破原有的单向思维方式，改为多向思维。单向思维方式的人往往只从一个角度考虑问题，视野狭窄，思维僵化，解决问题能力差；而多向思维者能够通过辐射、换元、转化等多种方式从多角度进行思考，懂得变通，具有创造性，从而可能获得意外的成功。

在所有的思维方向中，逆向思维（reversed thinking）是最困难的，因为这与人们的一般心理能力相反。但是一旦建立起恰当的逆向思维，难题就会迎刃而解。所以逆向思维本身就是思维的创新。逆向思维还可以最大限度地刺激大脑皮层，有利于大脑保持旺盛思考力、敏锐观察力和生活新鲜感，能够提高问题解决效率，运用逆向思维，最大的敌人是自己的思维定势和解决问题的模式已经固化，很难改变，总是按照原有的旧套路解决各种问题，与人们的惰性一拍即合。因为沿用旧套路解决问题，人人驾轻就熟，不仅没有风险，就是出了问题也可以把责任推到方法本身。所以，运用逆向思维进行创新，首先要战胜自己。

灵感是创新的源泉。灵感（inspiration）是指人在进行创造性思维的过程中，某种新形象、新概念和新思想突然产生的心理状态；它是一种集中全部精力思考问题时，由于偶然因素的触发而突然出现的顿悟现象。

灵感是意识与无意识交互作用的结果。灵感出现之前，人们对某一问题有着长时间的思考。这段时间的思考实际上是灵感孕育的过程。人们潜心思考的结果在大脑皮层留下了“痕迹”，在人们对某一个问题长期思考而不得其解的日子里，有意识的思考中止时，无意识的认知活动却仍然继续进行着。其实，人们有意识思考的某些方面已经接触到了问题实质，已经达到了问题解决的边缘，只是由于思维的惯性，人们对这些有用的成份没有加以重视，或者被有意识的否定了（但这些思维的结果仍然存在于无意识里）。旧有的思维模式常常束缚了人们的思维翅膀。当人们处于高度放松的时候，有意识的认知活动较少，这时旧有的思维模式最容易被突破；在某一刺激的引发之下，人们在瞬间跳出旧有的思维模式，使长期沉积在无意识里的信息与意识瞬间沟通，达到问题的解决。灵感不是极少数天才所特有的，它是每个人都可能遇到的，只要你掌握它的规律。获得灵感的前提是，你必须长时间地思考某个问题，即不断刺激大脑某个区域，使显意识向潜意识传达信息。

创造能力高超的人，通常都有很好的直觉（intuition）。直觉是当人们对某种事物深入地进行观察，获得多次以至极为丰富的积累时，认识上产生的一种飞跃，是对事物敏锐而深入的洞察，直接的本质理解和综合的整体判断。直觉的产生是以特定的问题为先导，并且为了解答问题而构思、搜集、整理有关该问题的事实材料，寻找其内在联系，在深思熟虑的基础上对这个问题提出初步的想法。产生直觉需要丰富的表象积累，在此基础上抓住事物的本质特点和内在联系。直觉思维能同时分析，直接识别事物或获得最终结果，是一种对事物之间关系的整体把握。

我们每个人都曾有过凭借直觉或内心的声音去做事或去感受的经历。对于这种本能，我们经常是置之不理，至少没有给予足够的重视。事实上，这种本能在成功路上是非常有价值的工具。直觉往往在决策时起着关键的作用，直觉预测能力强的人，无意识加工比较旺盛，同时对未来有期望和关注。有些人仿佛拥有特殊的感官，他们能“发现他人所没有发现的机会”。他们相信自己有能力辨认出其他人所无法辨认的机会，而其他人只局限于逻辑思维之中，想当然地认为直觉是虚幻缥缈的，因而也是不可信的。

直觉思维完全可以有意识加以训练和培养。比如进行自由联想，将空中飘浮不定的朵朵白云，想象成各种形象，或者尽量形象地回想以往美好愉快的情景，这能提高进行逻辑思维的左脑和记忆贮藏库——海马体（hippocampus）的功能，进而提高思维的集中能力。练习用左手拿筷子，先试两天，然后中间休息一天，再继续两天，坚持一个月左右。使用指尖打弹子最需要快速判断力，可以培养“秒的直觉力”。

天才与疯子的一线之隔

2002年，电影《美丽心灵》（*A Beautiful Mind*）斩获了包括奥斯卡金像奖在内的一系列重要电影奖项。这部极富人性的剧情片展现了一位患有精神分裂症的数学天才的故事，他就是在博弈论领域做出重要贡献，并因此获得诺贝尔奖的约翰·纳什（John F. Nash Jr.）。

科学研究证实，具有创造性思维的天才与神经错乱存在着某种联系，精神分裂症（schizophrenia）和躁郁症（bipolar disorder）易发于具高度创造性思维和高智商的人群中。享有盛名的画家梵高（Vincent Willem van Gogh）和著名作家凯鲁亚克（Jack Kerouac）都被冠名为天才，然而，他们却表现出了令人难以理解的行为方式。

亚里士多德（Aristotle）是第一个试图将天才与疯子联系起来的学者。他传承了希波克拉底（Hippcrates）创立的四体液学说（Humorism），认为体内有适量的黑胆汁（melanchlolia）便是天才，过多则与疯子无异。约翰霍普金斯大学医学院精神病学教授凯·杰米森（Kay R. Jamison）主持的一项基于16岁少年的智力测试结果表明，拥有较高智商的孩子更易于患上类似于精神分裂和躁郁症的心理疾病。更为深入的分子生物学研究表明，人体内存在一种能制造许多“链接”的特殊基因，叫做DARPP－32，就是它将天才与疯子联在了一起。研究显示，大约75%的人遗传了DARPP－32基因，它能够通过改善前额皮质的信息处理功能来增强大脑的综合能力，而前额皮质是协调人们思想与行为的重要中枢。

什么是天才（genius）？狄德罗（Denis Diderot）回答说：“广博的才智，丰富的想象力，活跃的心灵，这就是天才。”他认为正因为有这样的才智、心灵和想象力，才使天才人物具有不同于一般常人的特点：他们极端敏感，对一切都有强烈的感受，能接受大量的新印象。但狄德罗提出，天才人物都很少遵循论证的逻辑性，而且会去“打碎”束缚他的所谓“标准”和“法则”，犯一些“光辉的错误”。而正是这一点，才使天才人物能够始终“走在世纪的前面”，将批评他的人远远抛在后面。

人的大脑可以通过一种叫做潜在抑制（latent inhibition）的过程将一些刺激屏蔽在外。换句话说，潜在抑制就是无意识的将经验中与其需求无关的刺激忽略的能力。创造力旺盛的人或多或少都患有某种程度的低潜在抑制症，他们天生就对环境刺激特别敏感，能产生更广阔的思维，并比普通人容易在更短的时间内接收并处理更多更综合的信息，他们的大脑似乎对周围环境的刺激更为敏感。在针对哈佛的本科生的潜在抑制测试中，在某个创造性领域有不寻常的高分，被列为有突出创造力的测试者，他们得到潜在抑制低分的可能性是普通学生的七倍。皮若丹（Jordan Peterson）认为，这意味着创造性个体和环境中的额外信息流始终保持联系：“普通人对物体分类后就把它忘了，即使该物体比他想的更复杂、更有趣。相反的，创造力人士总是对新的可能性更为敏感。”

潜在抑制与高智力和良好的工作记忆（working memory，即同时思考多件事情的能力）结合可能是积极的，反之则是消极的。例如在精神分裂症等疾病的早期，通常伴有深刻洞察的感觉，这时发生的脑内化学变化使潜在抑制消失。也就是说，如果一个低智商的人得了潜在抑制症，会引起精神疾病；但对于一个高智商的人，就会产生一个有创造力的天才——当然，也可能同时是个精神病患者。

在天才研究史上，心理学家刘易斯·特曼（Lewis M. Terman）是个重要人物。特曼和他的合作者在修订比奈量表（Binet－Simon Scale）

时，提出了智商（intelligencequotient，IQ）这个概念，即以经过标准化测验测出的“智力年龄”除以“生理年龄”，再乘以 100，来表示一个人智力水平的数值。智商为 100 的人被认为智力正常，100 以上者被视为天才，低于 70 以下被认为智力发育不全。

特曼认为，一个人的智商是相对稳定的。正如心理学史专家埃德温·波林（Edwin G. Boring）评价的那样：“似乎是说一个成人的智力可由儿童早期、也许甚至在初生时就可以预测出来。”或者用伊曼纽尔·康德（Immanuel Kant）更富有诗意的语言说：“天才是天生的心灵禀赋。”当然，人们都倾向于认为，标准化智力测验中成绩突出者，只是意味着智力水平高，这只不过是一种潜力而不是成就。或者说他们只能算“潜在天才”，还不能说这类人就已经可以被看作真正的天才人物了。特曼也承认：“一个人的工作能否证明可以尊称为‘天才’，除了智商之外，还需要许多其他因素来决定——如特殊技能、能力、动机和其他个性因素。”

按照《迪斯尼世界纪录大全》（*The Guinness Book of World Records*）的说法，当今世界智商最高的人是现在住在纽约的玛丽莲·萨凡特（Marilyn vos Savant）。1985 年，10 岁的玛丽莲参加智商测试，成绩是 228，也就是相当于 23 岁的成年人。“世界上最聪明的人”这顶桂冠，玛丽莲一戴就是五年，直到《迪斯尼世界纪录大全》承认智商测定存在不确定因素，从而取消了这项纪录。不过时至今日，玛丽莲除了写写专栏，做做演讲之外并没有什么伟大的创造。倒是她的丈夫罗伯特·贾维克（Robert K. Jarvik）作为第一枚人工心脏的发明者得以名垂青史。罗伯特的智商肯定比玛丽莲低，具体数值是多少他不愿意透露，但他的成就肯定超过智商更高的妻子。

还有一类人，被称为“白痴天才”，他们看似智能低下却又在某方面拥有惊人的天赋。这种人又称为孤独症学者（Autistic Savant），即个人存在心理疾病、性格异常或情感障碍（常常是孤独症），但却拥有与他的障碍全然相对的，惊人的心理运作能力，特别是极强数字记忆能力，或者美术、音乐等特殊能力。比如英国人丹尼尔·塔米特（Dabuek Tammet），他拥有惊人的记忆力，能将圆周率背诵到小数点后面第22514位。他不仅精通数十种语言，还创立了一家记忆技巧公司，专门教人如何更快更有效地学习数学和语言。然而小时候的丹尼尔患有孤独症和癫痫，无法与人正常交流。幸运的是他的孤独症得到了缓解，而钢琴天才雷斯利·雷米克（Leslie Lemke）就没那么幸运。雷斯利从未受过音乐训练，12岁才站起来，15岁才学会走路，但是他16岁第一次在电视里听到柴可夫斯基（Peter Tchaikovsky）的降B小调第一钢琴协奏曲时，就可以流畅地在钢琴上弹出来——只用九根手指。然而直到现在，60多岁的雷斯利依然不能握住刀叉吃饭，也很难与人谈话交流。

我们可以确信，天才与遗传和环境两者有关。天赋潜力能否开花结果，至少在某种程度上取决于机会和训练。创造性基于多种能力高度发展并完备地结合。如果缺乏某一种能力，虽然可以由结合成天才的其他高度发展起来的能力加以补偿，但是很难拥有出众的创造能力。

扩展阅读

Robert J. Sternberg

Handbook of Creativity

Edward de Bono

Serious Creativity: Using the Power of Lateral Thinking to Create New Ideas

Howard E. Gardner

Art, Mind, and Brain: A Cognitive Approach to Creativity

Scott Berkun

The Myths of Innovation

马种会

创造力工具箱

课程 12 健康

课程名称 日常生活中的身体健康与心理健康 | ***Health and Mental Health in Everyday Life***

主　　讲 **Mary Ruggie** | 哈佛大学肯尼迪学院公共政策学副教授，公共卫生政策专家

课程简介

本课程采用跨学科的视角去了解个体及群体的身体和心理健康现象，认识人的正常状态是如何发生改变，以及环境对其的影响。研究基于性别、种族及其他社会角色的异同，要点包括日常压力、身体形象、饮食失调、抑郁症、药物滥用，性行为和性暴力。课程贯彻的原则是：探索健康与疾病的边界以研究个体的意义、他们的社会支持网络，并对医学治疗的策略和发展给予专业指导。

健康与疾病

爱默生（Ralph W. Emerson）说："健康是人生的第一财富。"这是至理名言。失去了健康，人生就会变得暗淡无光。

让我们认识一位亿万富翁——霍华德·休斯（Howard R. Hughes Jr.）。这位 20 世纪初的知名人物并不仅仅是一个坐拥 25 亿美元资产的超级富豪，而且是拿过奥斯卡奖的电影导演和制作人、创造过飞行记录的飞机设计师和驾驶员、深受女性——包括凯瑟琳·赫本（Katharine Hepburn）——喜爱的大英雄。然而 20 世纪 50 年代，正值壮年的霍华德饱受疾病困扰，从公众的视线中消失。

霍华德很年轻的时候就感染了梅毒（syphilis），他曾经烧毁了自己的全部衣物，就因为担心梅毒细菌会寄生在他的衣物中。1946 年他曾经在飞机事故中折断了六根肋骨并受到大面积烧伤，治疗过程中大量使用吗啡（morphine）和止疼药又让他染上了鸦片瘾。霍华德很早就表现出强迫性神经症（obsessional neurosis），吃豆子的时候要用一个特殊的叉子把豆子按大小排序后再吃。去世的时候，70 岁的霍华德血液中含有致命剂量的可卡因（cocaine）和大量的地西泮（diazepam，镇静类药物），胳膊里有一支折断的针头，还有严重的营养不良。

传染病、物理损伤、神经性官能症、营养不良和药物滥用，霍华德身上几乎包含了疾病的所有种类。相信没有几个人愿意过这样的生活——即使用亿万美元来换。

什么是健康（health）？世界卫生组织（World Health Organization，

WHO）成立时在它的宪章中写道："健康乃是一种在身体上、心理上和社会上的完满状态，而不仅仅是没有疾病和虚弱的状态。"把人的健康从生物学的意义，扩展到了精神和社会关系两个方面的健康状态，把人的身心、家庭和社会生活的健康状态均包括在内。

毋庸置疑，健康首先是"没有疾病"。疾病（disease）是机体在一定的条件下，受病因损害作用后，因自稳调节紊乱而发生的异常生命活动过程。在疾病状态下，人体的形态或功能发生一定的变化，正常的生命活动受到限制或破坏，或早或迟地表现出可觉察的症状，这种状态的结局可以是康复或长期残存，或者导致死亡。

现代医学对人体的各种生物参数都进行了测量，计算出一个均值和95%健康个体的所在范围，习惯上称这个范围为"正常"，超出这个范围是"不正常"。疾病便属于不正常的范围。在许多情况下，这一定义是适用的，但是适应功能的不良并不一定是疾病，如一个长期缺乏体力活动的脑力工作者不能适应常人能够胜任的体力活动，稍有劳累就腰酸背痛，这不一定是有病。

疾病种类很多。世界卫生组织1978年颁布的《疾病分类与手术名称》第九版（ICD－9）记载的疾病名称就有上万个，还不断有新的疾病加入进去——比如1981年发现的获得性免疫缺陷综合征（Acquired Immune Deficiency Syndrome，AIDS）。

人类的疾病概略说来有两大类。一类是生物病原体（pathogen）引起的疾病，包括病毒（virus）、细菌（bacteria）、真菌（fungus）、原虫（protozoan）等。由于病原体具有繁殖能力，可以在人群中从一个宿主通过一定途径传播到另一个宿主，使之产生同样的疾病，故称可传染性疾病（infectious disease）。随着现代医学的发展，传染病已经得到了比较有效的控制；另一类非传染性疾病（non－infectious disease）则更难以应对。肿瘤、冠心病、脑出血都属于非传染性疾病，在大多数富裕国家，这些疾病在死因中都居于前三位。

非传染性疾病包含以下几种类型：

（1）营养性疾病（nutrimental disease）。体内各种营养素过多或过少，或不平衡引起机体营养过剩或营养缺乏以及营养代谢异常而引起的一类疾病。包括营养不良和过营养性疾病。

（2）异常的细胞生长。这是造成死亡最多的疾病之一。细胞的不正常生长称为增生（hyperplasia）。增生时细胞的形态并未改变，仍具有原来细胞的功能，如甲状腺（thyroid）细胞增生，引起甲状腺增大，分泌甲状腺素（thyroxine）过多，出现甲状腺功能亢进（hyperthyroidism）。正常细胞的增殖有一定限度，增殖的调节机制削弱就出现细胞的增生，调节机制完全丧失就导致癌症（cancer）。

（3）物理和化学损伤。物理因素可以造成创伤、烧伤、电击伤、放射性损伤等等。化学损伤可以是急性的，如化学烧伤；也可以是慢性的，如饮用水中含氟量过高造成氟骨症（skeletal fluorosis）、有机汞中毒引起的水俣病（minamata disease）；甚至表现在下一代身上，如“反应停”（Thalidomide）造成的短肢畸形。许多药源性疾病（drug－induced disease）也是化学损伤。

（4）遗传病（heredopathia）。遗传物质改变造成的疾病。

（5）免疫源性疾病。包括对环境中某种抗原物质反应过强，比如各种过敏症（anaphylaxis），或者免疫系统对自身的组织产生不应有的免疫反应，即自身免疫（autoimmunity），比如类风湿关节炎（rheumatoid arthritis）。

（6）精神障碍。可分为器质性及非器质性两大类。器质性心因性疾病有明显的遗传倾向，特别是精神分裂症。药物和一些化学物质（如铅、类固醇激素）也常常引起精神症状。非器质性心因性疾病是人面临生活中的压力而表现出来的精神症状，焦虑和抑郁是最普遍的症状。非器质性心因性疾病的症状实际上可包括全身每一个系统，并可以同任何器质性疾病混淆，构成心身疾病（psychosomatic diseases）。

(7) 老年性疾病。在增长年龄的正常退化和老年性疾病引起的退化之间很难划出一条清楚的界线，以前人们会认为衰老是“自然现象”，但是现在人们开始将衰老视为疾病。

生物学研究表明，哺乳动物的寿命一般是其生长期的 5 至 7 倍。由此推论，人的预期寿命就应该是 100 至 175 岁。为什么我们大都没有达到呢？主要的一个原因就是人们并不太重视身体保健。毫无疑问，觉得身体健康，不等于身体没有病。病变是一个漫长的从量变到质变的过程，感觉很好不等于就没有病变。就像一辆汽车，故障并不是突然形成的，而是缺少了日常的维护。

有些人经常会出现烦躁、失眠、心悸等不适，这些症状时隐时现，不用吃药也能自行消失，但又不能彻底消除，去医院进行检查，大多数又查不出有何种具体的疾病。这在医学上称为亚健康状态。这种介于健康与疾病之间的状态，表面上看对人体危害不大，仅表现为机体能力降低，但是其潜在威胁是不容忽视的，它往往是一些慢性疾病，如糖尿病、心脑血管病、癌症的前兆。学习正确的健康知识，养成良好的生活习惯，是维护健康，抵御疾病的唯一途径。

饮食、营养与健康

大量研究表明，现代人所患疾病，约有三至五成是由于饮食不科学所致。十种排在前列的人类致死因素中，有六种与饮食相关，其中心血管病、糖尿病和癌症则为致死的主要病因，而癌症尤其与饮食息息相关。对某些国家和地区来说，改变人们某些不科学的饮食和不良的饮食习惯，可能使癌症的平均死亡率降低 35%。这在某种程度上印证了 19 世纪法国美食家布里亚－萨瓦兰（Jean Anthelme Brillat－Savarin）的那句名言："国家的命运取决于人民吃什么样的饭。"

根据美国农业部（United States Department of Agriculture，USDA）提出的膳食指南，每天为摄取营养所必需的膳食可以排成一个"营养金字塔"（nutrition pyramid）。最底层是最重要的粮谷类食物，它构成塔基。每日粮豆类食物摄取量为 400～500 克，粮食与豆类之比为 10∶1。第二层是蔬菜和水果，每日摄入量 300～400 克，蔬菜与水果之比为 8∶1。第三层是奶和奶制品，以补充优质蛋白和钙，每日摄取量为 200～300 克。第四层为动物性食品，主要提供蛋白质、脂肪、B 族维生素和无机盐，每日摄入量为 100～200 克。塔尖为适量的油、盐和糖。

一般而言，一个健康的人营养的摄入与消耗应该接近一致，也就是收支要平衡。营养缺乏和营养过多，都会有害健康。对大多数生活安定的现代人而言，造成营养不良的主要原因不是贫困，而是不健康的生活方式：减肥。由错误减肥引发的神经性厌食症（Anorexia Nervosa）更是会致人于死地。

神经性厌食症是指缺乏进食欲望及因故意节食而致使体重显著下降的一种身心疾病。多见于青年女性，发病高峰年龄为 17～18 岁，发病率为 0.16%～0.37%。由于饮食结构和习惯的变化以及审美意识的改变，神经性厌食症的发病率呈上升的趋势。神经性厌食症患者最大的特点就是过分关注体形，过度节食以致体重显著降低。实际上只有 33%的患者病前有轻度肥胖，更多的人没有到肥胖的程度。患者开始时多以减少热量的摄入为特点，逐渐地完全避免食用含有高糖或高蛋白的食物，除了控制饮食之外，患者大多增加运动量，即使体重已经降低很明显，患者仍然对自己的体形和体重不满意，继续盲目节食或过度锻炼。

神经性厌食症主要受社会和心理因素影响。社会发展、职业竞争的强大压力使部分妇女为追求时尚或谋职之需，通过节食使体重降低，以达到理想的形体“完美”。调查表明，女性芭蕾舞演员和模特的患病率分别为6.5%和7%，远远高于正常人群。这些患者对“什么是美”抱有顽固的偏见，以致出现对变胖的强烈恐惧。对于神经性厌食症常采用行为治疗，其原则是改变患者认识，调整患者对自我形体及健康的观念，通过合理膳食习惯，恢复患者的体重。

暴饮暴食也是一种进食障碍。很多时候，人们狼吞虎咽的原因不是饥饿或者用餐时间紧张，而是为了缓解压力。压力增加时，肾上腺（epinephros）会分泌一种叫作皮质醇（cortisol）的激素，保证人们有足够的精力。如果没有皮质醇的帮忙，人们很难在巨大压力下保持紧张的工作状态。不幸的是，皮质醇同时会刺激人体对食物的渴望，尤其是糖和脂肪。暴饮暴食是因为心理问题所致。生活中总有一些人会无法控制地、定期地（一般每周约两次）暴饮暴食，感觉好像没有办法停止“吃”这个动作，一直吃到自己难以忍受为止。这种现象通常发生在20多岁的人身上，并且主要是起源于心理困扰。

暴食症，或者称为神经性贪食症（bulimia nervosa）的患者通常都会伴随一些其他心理障碍，尤其是焦虑和情绪问题，大约75%的暴食症患者都伴随有社交恐惧或广泛性焦虑等情绪障碍，尤其是抑郁，也会伴随进食障碍同时出现。有心理学研究曾经指出，进食障碍只是表达抑郁的一种方式。但是，几乎所有的证据都表明抑郁是在暴食症出现之后才产生的，而且可能是对暴食症的一种反应。痛苦难过时暴饮暴食是一种消耗倾向的防御方式，通过吃东西象征性地释放了心理压力。绝大多数发胖者都承认自己有无法控制的精神压力，并且觉得食品是一种“精神安慰剂”。心情抑郁者通常到了下午和晚上都特别钟情于糖类，而且精神不良状态有暴发倾向的人常在工作中遇到麻烦但又无法抱怨时，会自觉不自觉地靠暴饮暴食来减轻所遇到的各种各样的精神压力。

很多人并不知道，在一定情况下，选择正确的食物，可以缓解心理压力和负担。摄入含糖高的食物后，会使血管收缩素 5－羟色胺（5－hydroxy tryptamine）在大脑中的水平不断增加，进而使人的精神状况变好。因此，含糖量高的食物对忧郁、紧张、易怒的行为或心理状态有缓解作用。新鲜香蕉中含有一种类似化学“信使”的物质，也能够帮助大脑产生 5－羟色胺。这种“信使”物质能将信号传送到大脑的神经末梢，使人的心情变得安宁、快活。因此，如果你遇到难题，思虑过度或紧张不安，甚至发生严重失眠的话，建议在睡觉前喝点脱脂牛奶或加蜂蜜的麦粥，并吃些香蕉。这些香甜可口的食物会帮助你安定心情、顺利入睡，并且睡眠质量更好。

当受到某些刺激或恐吓，心理压力过重、情绪欠佳之时，无论男女老幼，体内所消耗的维生素 C 会比平时多 8 倍。这时候，建议多吃些富含维生素 C 的新鲜水果和蔬菜，或者干脆服用适当的维生素 C 药片。这样有助于调理心情，消除情绪障碍。粗面粉制品、谷物颗粒、酿啤酒的酵母、动物肝脏及水果等富含 B 类维生素的食物，对调理情绪不佳、抑郁症等也有明显的效果，尤其是 B 类维生素中的烟酸（niacin，即维生素 B_3）具有减轻焦虑、疲倦、失眠及头痛症状的明显作用。

当无名火攻上心头，无缘无故地想发脾气的时候，要多吃些富含钙质的食物，如牛奶、乳酪、鱼干及虾皮之类，或者直接服用肠道容易吸收的钙片。过不了多久，你便会感到自己的脾气渐渐变得好了起来。

人体内很多重要元素，如细胞、免疫系统中的抗体，大脑内的各种荷尔蒙及神经传递介质都是蛋白质，但人体受到压力时不但会抑制高质蛋白的合成，更会不断消耗蛋白质。长期如此，很多身心病变亦随之产生。因此饮食上应配合脂肪与碳水化合物的摄取，吸收充足的蛋白质。蛋白质含量丰富的食物包括鱼类、瘦肉、坚果、乳酪、豆类等。适时补充存在于鱼类中的Omega－3脂肪酸及在菜油、坚果中存在的饱和脂肪酸，对人体健康有促进作用的。

要想控制不良情绪、保持健康的心理状态，除了要注意自身心理修养和维持和谐、良好的人际关系之外，还要善于选择能够改善低落情绪的膳食，让食物帮助你缓解不佳情绪、消除心理障碍。运用食疗调理心理，有助于人们从低沉忧郁的心境中解脱出来。

心理健康与抑郁

心理健康（mental health)，是人的健康不可分割的重要方面。从广义上讲，心理健康是指一种高效而满意的、持续的心理状态。从狭义上讲，心理健康是指人的基本心理活动的过程内容完整、协调一致，即认识、情感、意志、行为、人格完整和协调，能适应社会，与社会保持同步。生活在纷繁复杂的现代社会环境里，就要求人必须具备较高的心理素质来适应时代与社会的要求。

人的心理健康状态的分布类似一个枣核，大多数人都处于中间的位置，代表的是平均心理健康水平，他们相对而言没有心理疾患。但是只有顶端所代表的才是真正健康的个性，这是心理健康水平的最优点。处于一般心理健康水平的人，如果不向更高的水平发展，其生活是不可能富有、幸福和丰富多彩的。即使没有什么心理疾患，也满足了自己的一切需要和动机，仍然不会感到幸福。

除了心理极其健康的人，还有一类人不会被心理问题所困扰，就是心理疾病已经严重到已经丧失自知力（insight）的人。自知力就是自我察觉的能力，即能否判断自己精神状态是否正常，能否正确分析和识辨，并指出自己既往和现在的表现与体验中，哪些属于病态。一个自知力完整的人，通常能认识到自己患了病，并要求治疗。如神经官能症病人，大多数具有完整的自知力，他们主动向医生诉说自己的不适，要求给以诊治，并积极配合医生治疗。而严重精神病患者一般是不知道自己患病的，也拒绝承认自己患病，就好像醉汉宣称“我没醉”一样。虽然丧失自知力的人因为麻木而没有任何不适感，但是每个正常的人都会承认这样的人是不健康的。

不少人认为生理健康和心理健康是两个没有关系的概念。实际上，这是不正确的。在现实生活中，心理健康和生理健康是互相联系、互相作用的，心理健康每时每刻都在影响人的生理健康，心身疾病的概念就是在这个基础上提出来的。

所谓心身疾病，就是指那些心理或社会因素在疾病的发生和发展中起主导作用的躯体疾病。由于它具有生理上的障碍，因此心身疾病又称为心理生理疾病。总之，心身疾病是一种生理上的躯体疾病，但又与一般的生理性疾病不同，而且也不同于神经症，因为神经症只具有比较模糊的躯体症状，往往找不到具体的器质性改变。

典型的心身疾病有消化性溃疡、类风湿关节炎、甲状腺机能亢进、支气管哮喘、冠心病等等。几乎包括所有慢性躯体疾病，如糖尿病、肥胖症甚至癌症都可以纳入心身疾病范畴。针对心身疾病的特性，单纯依赖于药物治疗是片面的，难以完全奏效，必须结合积极有效的行为干预和心理护理，方能提高病人的主观能动性和自我抗病能力，防止不良心理的刺激，改善病情，增进效果。心身疾病的心理干预手段，应视不同层次、不同方法、不同目的而决定。

在心理疾病中，抑郁症是最容易侵袭现代人的恶魔。抑郁（depression）是一种非常普遍的病态情绪，很容易化解，但是如果得不到有效的调适，后果可能会非常严重，甚至致命。这种状况和感冒非常类似，因此心理医生把抑郁情绪称为“心灵感冒”。抑郁并不专属任何特定人群，有可能发生在任何人身上。

心境低落是抑郁主要表现。抑郁的人常常不由自主地感到空虚，为一些小事感到苦闷、愁眉不展；觉得生活没有价值和意义，对周围的一切都失去兴趣，整天无精打采。抑郁的表现是多方面的，但归结起来，主要表现为心境低落、思维迟缓、意志减退的症状。

据估计，世界上生存过的人中大约有 4 万亿人有过精神或神经失常的问题，而其中就有大约 1.21 万亿人患有抑郁症。如果目前人口和流行病发病趋势顺势发展，到 2020 年时，抑郁症的比例将会在总体疾病中增至 5.7%，成为发病率仅次于贫血症的疾病，而在发达地区更将会跃居首位。

较之于男性来说，女性更容易被抑郁所困扰。一项由美国医学协会（American Medical Association，AMA）发起的，对十余个国家和地区约 3.8 万人的调查显示，平均有 5%的人患有抑郁症，其中女性的比例明显高于男性。但是也不能根据男性抑郁症较低的患病率而忽视了男性抑郁症患者。通常，女人更愿意去寻求心理保健治疗，男人即使内心压抑，也常常表现为恼怒，而不是寻求帮助。心情不畅需要发泄，面对压力就表现出沮丧，这些往往被认为不应该是男人的作为，这也就是为什么很多人总觉得男人轻易不会得抑郁症，更有许多男人并不承认自己得了抑郁症。

引发抑郁的因素有很多，自然环境是一个不可忽视的因素。许多人一到冬天就会情绪低落，这是季节性情绪失调症（seasonal affective disorder）的表现。导致季节性情绪失调可能有多个病因，最可能的解释原因是由于有些人对大自然寒暑更替发生的不适，其诱发的根源在于人的大脑深处的松果体（conarium）分泌出的一种名为褪黑素（melatonin）

的荷尔蒙。由于冬季的光照时间明显缩短，松果体内的褪黑素会大量增加，从而改变人的正常精神状态，控制人们睡眠、食欲及荷尔蒙分泌的生物钟不能正常运作，轻微的只是使人精神萎靡不振，身体困乏，四肢无力，严重的甚至会闪现出自杀的意念。在冬季昏暗寒冷的日子里，每个正常人的情绪都会或多或少地受到影响。

治疗抑郁的关键就在于能清楚地确认并承认自己的抑郁。心情不快却闷着不说会闷出病来，有了苦闷应学会向人倾诉。能把心中的苦处和盘倒给知心人并能得到安慰的人，心胸自然会像打开了一扇门。即使面对不很知心的人，学会把心中的委屈倾诉给他，也常能收到心境立即阴转晴之效。

对于严重的抑郁症患者，根据不同患者的需求，采用抗抑郁剂药物治疗、精神疗法或综合治疗，都会有不同的效果。约有 50%～60%的抑郁症患者可以通过药物治疗获得控制和缓解。但是某些抑郁症患者在服用某些抗抑郁药物后会产生危险的自杀念头，所以服用药物一定要在医生的监护下而不能自行服药，在服用药物的过程中有任何不适要随时和医生联系，以免造成无法挽回的后果，对于早期和轻度的抑郁症患者完全不必使用抗抑郁药物，而应该采用心理治疗或者环境疗法。

劳逸结合的重要性

在健康与疾病之间，存在着一种“第三状态”，即机体内出现某些功能紊乱，主观上有不适感觉，但未影响到行使社会功能。这是人从健康到疾病的中间阶段，所以又称为亚健康状态（Sub—health state）。

亚健康状态多与人体的过度疲劳有关。疲劳是人的体力、精力过度消耗后的正常生理反应，是人体一种生理性预警反应，提示人们应该休息。随着疲劳的累积，人体会出现相应的生理反应，脾气变化无常，容易失望、落泪或是无缘由地兴奋。一般的疲劳通过适当的休息可以在短时间内得以缓解，但是如果疲劳得不到缓解，逐渐累积造成身体过度疲劳，就会引起慢性疲劳综合征（chronic fatigue syndrome）。

很多被疲劳所困扰的人希望借助某种增强体力的药物或保健品来恢复体能，这只是被动的做法。要知道，规律的运动、均衡的饮食、适度的休闲娱乐、充分的休息、良好的人际关系、较好的工作环境等，才是减少疲劳倦怠的好办法。虽然使用适当补品可以补充缺乏的营养素，但是没有长期养成的良好的饮食习惯更有益于健康。

体育锻炼对人的健康有着非常重要的价值。体力劳动和家务劳动并非体育锻炼，绝不能代替运动。体力劳动是不规则的体力消耗，是一种输出，而体育锻炼是一种有规则的补偿、调节，具有增强身心功能和强身治病功能。要保持生活起居有常，作息有规律。

伏尔泰（Voltaire）说："生命在于运动!"适当的运动可以增强体能，保持神经系统的生理功能，提高心理适应能力。体育锻炼习惯就是人们在健身实践中逐渐形成的，比较稳定的身体锻炼行为。它包括认识身体锻炼的作用和特点，懂得身体锻炼的一般规律，掌握身体锻炼的原理和方法，准确地评判自己的体质情况，具备身体锻炼的自觉性等几个方面。

身体锻炼行为一般是以具体情境为条件的，其习惯的形成、诱发，往往依赖于一定的情景和刺激物。形成体育锻炼习惯的人，能够根据自身能力、运动条件和周围环境，自主地进行体育锻炼。一旦形成了体育锻炼的习惯，就会产生相对稳定的态度定势，渗透到生活领域。

体育锻炼习惯的形成来源于良好动机的建立，而动机来源于对身体活动的需要，需要又来源于身体锻炼的认识。人们对身体锻炼的认识是有发展过程的。因此，体育锻炼习惯的形成具有阶段性。锻炼习惯的最终形成，是在锻炼动机确定的基础上，依靠内驱力来调节自己的行为，定时、定量、科学地进行身体锻炼，且经过多次重复，成为日常生活中的一个重要内容。

身体锻炼需要付出体力和心理能量，人能在锻炼中获得满足和愉悦，在活动中寻找乐趣。因此，在选择锻炼项目的时候应该因人而异，选择有变化且能激发起新奇感的锻炼方法和手段，使自己能够在锻炼中充分表现出运动才能，体验到锻炼的愉快情感和增强体质的实效，逐渐形成体育锻炼的习惯。坚强的意志是形成体育锻炼习惯的条件之一，只有持续不断地进行锻炼，才能更好地形成动力定型（dynamic stereotype），促进锻炼身体动机的产生，增强锻炼的内驱力，形成体育锻炼习惯。

任何一种体育活动都能锻炼身体和增强体质，不懂得用科学的方法锻炼身体，不仅会影响锻炼效果，还有可能损害身体健康。只有懂得和运用锻炼身体的基本原理和科学锻炼的方法，才能达到预期的锻炼效果。身体锻炼要能达到实效，主要在于克服自身的心理、生理上惰性，从战胜自我中获得身体锻炼的恒心。所以，在锻炼内容的安排上，应有意识地设置一定的困难和障碍，以培养顽强的意志，不断完善主体意识，通过内部的心理动力增强自信心，学会自我调控，不断适应外界环境的刺激和内在的压力。

睡眠是使大脑休息的重要方法。人在睡眠时，大脑皮层大部分处于抑制状态，体内被消耗的能量物质重新合成，使经过兴奋之后变得疲劳的神经中枢重新获得工作能力。睡眠的好坏不全在于时间的长短，更重要的是睡眠的深度。深沉的熟睡，消除疲劳快，睡眠时间可减少。

熬夜是一种非常危险的不良生活习惯。很多人因为想多做点工作而彻夜不眠，结果弄得精疲力竭，身体不适。正常来说，人的交感神经系统（sympathicus）应该是夜间休息，白天兴奋，而熬夜者的交感神经却是在夜晚兴奋。这样一来，熬夜后的第二天白天，交感神经就难以充分兴奋了。这样人在白天会出现记忆力减退、注意力涣散、反应迟钝以及头晕、头痛等问题。时间长了还会出现神经衰弱、失眠等症状。

经常熬夜的人长期处于应激状态，一昼夜体内各种激素的分泌量较早睡早起的平均高50%，尤其是过多地分泌肾上腺素（adrenaline）和去甲肾上腺素（norepinephrine），使血管收缩较早睡早起的人高50%。此外，长期熬夜的人更容易遭受癌症之害，因为癌变细胞是在细胞分裂中产生的，而细胞分裂多在睡眠中进行。熬夜使睡眠规律发生紊乱，影响细胞正常分裂，从而导致细胞突变，产生癌细胞。

在不得不熬夜时，事先、事后做好准备和保护是十分必要的，至少可以把熬夜对身体的损害降到最低。熬夜前要保证晚餐的营养丰富，熬夜过程中要注意补水，但不要靠含咖啡因的饮料提神。咖啡因会消耗B族维生素，促进身体疲劳。如果一定要喝这类饮料，最好喝热的，且浓度不要太高。熬夜之后，最好的保护措施自然是“把失去的睡眠补回来”。如果做不到，午间的10分钟小睡也是十分有用的。

想睡觉又睡不着，这就是失眠（insomnia）。失眠也是困扰很多人的疾病。根据研究，有25%的人有过失眠症，那些迟迟难以痊愈的患者却往往是强烈求治者，多数不求医者反而会自愈。这其中的原因在于求治者大多有神经质的疑病倾向，过分追求完美的人格，常对自己的身体、心理、人际关系等过于敏感和关心。

被习惯性失眠困扰的人一般会求助于医生，或是自己购买安眠药服用。但是长期服用安眠药容易造成药物依赖性，以至于没有服药时根本无法自然入睡。

过于关注睡眠问题正是引起失眠的恶性循环的开始，结果越着急越睡不着。不少失眠者采用数数的办法帮助入睡，殊不知其结果适得其反。

原因很简单：数数会导致注意力集中，从而使大脑持续处于兴奋状态，结果更难以入睡。

每晚睡前喝牛奶可以帮助睡眠，因为牛奶中含有具有催眠作用的化合物色氨酸（tryptophan）。不过牛奶含有丰富的蛋白质，蛋白质可以促进血液循环，有提神的作用，所以睡前喝牛奶应该搭配饼干、面包之类的甜点，或者在牛奶中加入糖或蜂蜜。高糖食物可以促使血管收缩素的分泌，使人产生睡意，同时帮助人体维持晚间的血糖水平，从而有效地避免过早苏醒。

扩展阅读

Randolph Nesse & George Williams

Why We Get Sick：The New Science of Darwinian Medicine

Raymond Francis & Kester Cotton

Never be Sick Again

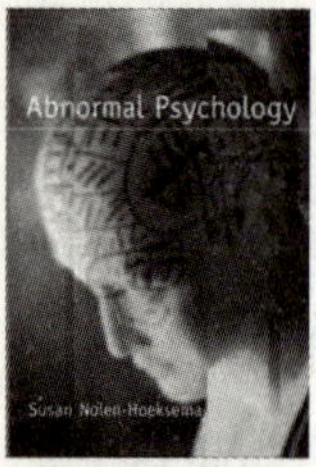

Susan Nolen—Hoeksema

Abnormal Psychology

家森幸男

健康长寿饮食指南

方舟子

科学成就健康

课程 13 团队

课程名称 工作团队的心理学｜***Psychology of Groups at Work***

主　　讲 **Allison E. Seitchik**｜哈佛大学新晋讲师、研究员，著名社会心理学家马扎林·巴纳吉的研究助手

课程简介

本课程旨在通过对一系列实证研究和理论的检验，了解工作环境中的群体心理动力学。要点包括了解团队凝聚力和团队发展、人际交往过程和共同工作的组织成员之间的关系，以及影响组织表现的激励因素。

什么是团队

团队（group）是介于组织（organization）与个人（individual）之间的人群结合体，是为了达到共同的特定目标，由两个以上的人所组成的相互依赖、相互作用的人群结构。团队并不是个体的简单集合，几个人偶然坐在火车上的邻近的座位上，几十个人在海滨游泳戏水，都不能称为团队。团队是指在共同目标的基础上，由两个以上的人所组成的相互依存、相互作用的有机组合体。

完成组织的任务、实现组织的目标，是团队的基本功能。作为一个团队，只能在活动中生存，而它的活动，就是为了完成组织的任务。团队是一个由若干人组织起来的有机组合体，它具有单个人进行活动时所没有的优越性，成员之间为了共同的奋斗目标互相协作，使团队产生巨大的动力，促使活动顺利进行，圆满地完成任务。

同时，团队还可以满足其成员的多种需要。比如作为一个个体，只有当他属于团队时，才能免于孤独和恐惧感，获得心理上的安全。团队又是一个社会的构成物，在团队中，人们的社会需求可以得到满足。团队给人提供了相互交往的机会，通过交往，可以促进人际间的信任和合作，并在交往中获得友谊、关怀、支持和帮助。在团队中，随着团队活动成功的增长，成员的成就也得到了相应的满足，并从成就感中勃发出新的动力。与成就感相伴随的，人们还有自尊的需求。而在团队中，各人有各人的位置，处于各种不同位置的人，都会彼此尊重，所以说，每个人在团队中的自身活动，都是满足自尊的一种最好的形式。

在满足需求的基础上使成员产生自信心和力量感，这是团队活动的动力来源。团队的两大功能之所以能得以充分发挥，是和团队有其强大的动力源泉分不开的。作为一个团队，它往往是一方面表现出自己的能量；另一方面，也就积蓄着供自己活动的动力。只有这样，团队才是一个健康的团队。在日常生活中，有些团队之所以由盛到衰，很大程度上是因为团队自己不再拥有“造血”的功能。

从参加团队人员的成分而言，可以把团队分为平面团队和立体团队。所谓平面团队（plane group），是指参加这一团队的人员在年龄特征上、知识结构上、能力层次上及专业水平上，基本上大同小异，属于同一类型。这样的团队活动比较单一，服务面也比较窄。而立体团队（stereoscopic group）则是由相差较大的成员所组成。他们虽有差异，但却各有所长，这既可以做到各具优势，又可以进行相互弥补，使团队成为一个可以进行复杂活动而且服务面也非常宽的团队。这种团队有着强大的活力。由于人员素质好，各具所长，所以，当活动需要转向时，立体团队很容易就能转过去，而且很快就能站住脚。

有一种特殊的团队称为参照团队（reference group）。所谓参照团队，是指这类团队的行动规范和目标，会成为人们行动的指南，成为人们所达到的标准。个人会自觉地把自己的行为与这种团队的标准相对照，如果不符合这些标准，就会立即修正。乔治·米德（George H. Mead）认为，参照团队的行为标准和行为目标会成为个人的“内在中心”，它们的规范自然而然地变为每个成员的行为准则。在现实生活中，个人所参加的团队不一定是心目中的参照团队。往往有这样的情况，一个人参加了某个团队，但在他心目中却把另一个团队作为自己的参照团队。

在团队中，还会出现一个个“小集团”，也就是非正式组织（informal organization）。非正式组织是自发形成的，成员之间既相互联系，又相互独立。在活动中，每个成员既可以找到自己交往的对象，又可发表自己的见解，还可以从别人那里得到自己心理上需求的东西，使自己能愉快地生活。换句话说，作为团队的补充，非正式组织满足了人们在正式团队中不能满足的心理需求。

非正式组织的根源在于成员的同质化（homogenization），比如相似的经历、学历、年龄，相似的背景、价值观，来自同一个城市、同一所大学等等，这是非正式组织存在和发展的基础。同质化使得成员之间在压力之下或者利益的驱动下能更快地取得一致，从而为非正式组织的紧密化提供良好的条件。

心理学家从安全性和紧密度两方面来考察非正式组织的划分。这里所谓安全性（safety）是与破坏性相对立的，凡是积极的、正面的、有益的活动都是"安全"的，比如满足成员归属感、安全感的需要，增强组织的凝聚力，有益于组织成员的沟通，有助于组织目标的实现等；凡是消极的、反面的、有害的都是"危险"的，比如抵制变革，滋生谣言，操纵群众，阻碍努力，使高素质、高绩效员工流失等。所谓紧密度（close）是与松散性相对立的，凡是有固定成员、有活动计划、有固定领导而小道消息又特别多的都是"紧密"的；相反则是"松散"的。这样，就可以把非正式组织分为四种类型：

（1）消极型（negative）：既不安全，也不紧密。这种非正式组织是内部没有一个得到全部成员认可的领袖，分为好几个小团体，每一个团体都有一个领袖，同时某些领袖并不认同组织，存在个人利益高于组织利益的思想。

（2）兴趣型（avocation）：很安全，但不紧密。由于具有共同的兴趣、爱好而自发形成的团体，成员之间自娱自乐。

（3）破坏型（destruction）：很紧密，但不安全。这种非正式组织形成一股足以和组织抗衡的力量，而且抗衡的目的是出于自身利益，为谋求团体利益而不惜损害组织利益。同时，团体内部成员不接受正式组织的领导，而听从团体内领袖的命令。

（4）积极型（positive）：既积极，又很紧密。一般出现在企业文化良好的企业，员工和企业的命运紧密地联系在一起。比如日本本田公司（Honda Motor Co. Ltd）的“质量管理小组”（Quality Control Circle）完全是自发成立，员工下班后聚到一起，一边喝咖啡一边针对今天生产车间出现的生产问题和产品瑕疵畅所欲言，最后通过讨论找出解决问题的方法。

一般的非正式组织中很少存在破坏型的，但是如果出现一定的内外部诱因，那么消极型、兴趣型和积极型非正式组织都有可能迅速地转化为破坏型非正式组织。作为组织的管理者需要对组织内存在的诸多非正式组织有一个清晰的界定：它是属于那一种类型？它们的领袖是否具备良好的道德素养和职业素质？这些非正式组织中的核心成员有没有属于企业高层领导的，他们是否可以准确地强化自身正式组织的角色？考虑到这些问题，就可以比较好地监控和处理好非正式组织的活动。

提升团队凝聚力

20世纪40年代，德国社会心理学家库尔特·勒温（Kurt Lewin）提出了团队动力理论（group dynamics）。他借用物理学中场的理论和力学理论，按动态和系统的观点来说明成员之间各种力量相互依赖和相互作用的关系。团队动力理论指出：团队对个体的行为规范能产生巨大的影响，个体在团队中会产生不同于处在单独环境中的行为反应；团队不是个体的简单相加，而是超越了个体的总和；团队动力来自于团队的一致性，这种一致性表现为团队成员有着共同的目标、观点、理想、共同的思想感情、兴趣爱好等。他所说的团队动力主要是指团队的规范、团队的压力、团队的凝聚力等。

所谓团队的凝聚力（cohesiveness），是指团队成员留存在团队之内的吸引力，即成员在团队内部活动和拒绝离开的吸引力，通常表现为成员对团队的向心力。团队凝聚力的重要性是显而易见的。它不仅是维持团队存在的必要条件，而且也是增强团队功能，实现团队目标的不可缺少的条件。有的团队成员之间互相抵制、戒备，关系紧张，力量聚集不到一起，不能很好地完成任务；有的团队，成员之间的意见比较一致，关系也较融洽，相互配合，工作进行顺利。也有的团队，成员之间亲密无间，配合默契，视团队的荣辱为自己的荣辱，团队有着强大的活动动力。一个团队如果失去了凝聚力，则是一盘散沙，很难维持下去，更不可能完成组织赋予它的任务，这样的团队即使名义上存在，但也失去了存在的意义。

测定团队凝聚力的高低有不少方法。最流行的评定凝聚力的方法是运用社会测量问卷测定一个群体内部的友谊模式和强度，费斯廷格（Leon Festinger）、沙赫特（Stanley Schachter）等人 1950 年曾以此方法进行群体凝聚力的研究。在其他一些研究中也提出诸如“你认为群体应该多长时间聚集一次”之类的问题。莫顿·多伊奇（Morton Deutsch）曾提出一个计算凝聚力的公式：团队凝聚力等于成员之间相互选择的数目除以团队中可能相互选择的总数目。

早在 20 世纪 30 年代，心理学家们就认识到，要提高生产效率，就必须重视改善团队成员之间的关系，高凝聚力的团队中，成员的士气和满意感都比较高，凝聚力将有益于团队任务的完成。然而，有研究表明团队凝聚力与生产率的关系并不如此简单，二者的关系往往是十分复杂的。凝聚力与生产率的关系不仅仅取决于团队目标的诱导方向，而且还取决于团队的态度及其与组织目标的一致程度。随着团队目标与组织目标的一致程度不同，凝聚力与生产率的关系将有四种不同情况出现：

（1）低凝聚力、高一致性。这就是说团队的态度对组织目标是支持的，在这种情况下，即使凝聚力低，活动效率也能提高。

（2）低凝聚力、低一致性。这就是说团队的态度与组织目标不一致，团队的凝聚力也低，则团队的活动效率与凝聚力的关系不明显。

（3）高凝聚力、低一致性。这就是说团队的态度不支持组织目标，因此凝聚力越高，活动效率越低。这带有“南辕北辙”的味道。

（4）高凝聚力、高一致性。这就是说团队的态度与组织目标保持高度的一致，在这种情况下，团队的凝聚力越高，效率就会越高。

并不是任何凝聚力都是有利于提高生产率的，只有在团队的目标与组织目标相一致的基础上，增强凝聚力才有利于提高生产率。反之如果团队的目标与组织目标背道而驰，则高凝聚力反而会使生产率下降。由此看来，高凝聚力、高一致性的团队才是管理中所追求的团队，团队只有在这种情况下，才能进行富有成效的创造性工作。那么，如何来提高团队凝聚力呢？

首先，必须为团队规划一个共同的远景展望（prospect）。团队远景，就是团队的发展和前途，是团队行为的根本目标，是团队所有人员信心的基础来源。团队应该依靠成员的价值观和团队的核心价值观统一起来，确保把成员的积极性激活，才能真正实现成员为团队的前程团结一致、全力以赴地去努力。同时，要将团队成败的利害关系与团队成员产生直接联系。许多企业都采取让员工直接参股的方式，来密切员工与企业间的关系，从而增强团队的凝聚力。

其次，应该提高团队的忧患意识（suffering consciousness），将内部矛盾化解转移为外部矛盾，就可减小内部矛盾产生的机会，而使团队内部出现一致对外的局面。在这种情况下，往往能增强团队的凝聚力和自信心。

第三，团队的领导者（leader），其领导方式应具有个人魅力。领导者是团队的核心力量，他的一言一行都可能对团队产生影响。与其说一支团队能够团结在某个人身边，不如说这支团队是齐聚在某种人格魅力麾下。作为团队的领导者要不间断地规范自己、完善自己和超越自己。勒温以一些男孩为被试验对象，将他们分为 3 组，每组由一位成人担任领袖，其中一个为民主型（democracy）领袖，一个为专制型（dictatorial）领袖，另一个是放任型（laissez－faire）领袖。他们分别领导本组儿童完成特定任务（用纸浆板做假面具）。实验结果表明，就工作效率来说，民主的领导方式最好，不仅群体的工作效率最高，而且每个成员的工作自觉性也很高，不论领导者在场与否，孩子们的工作效率几乎没有变化。在专制型领导指挥下，群体的工作效率较高，特别是领导者在场的情况下群体成员多表现为服从，但领导者一离开其工作效率就陡然下降，缺乏工作动机和自觉性。放任型领导带领的团队工作效率最低，数量与质量都非常差。

同时，要加强团队内部的信息沟通和交流（communicate），密切团队成员之间的关系。团结的团队内部成员间的交流与沟通是非常必要的，团队成员间的交流和沟通可以加强团队的一致性，密切相互间的关系，从而达到增强团队凝聚力的作用。作为一个团队，如果规模太大，人们就不能直接接触，也很少能进行心理上的沟通，这样，就无凝聚力可言。但规模太小，又会对完成活动不利。所以，一般来说，团队的规模在 5～9 人为最佳。这既能保证团队的工作机能，又能维持团队的凝聚力。

最后，必须注意保持团队的“清洁”（purify）。肿瘤最可怕之处在于它不断的扩散，一些原本优秀的团队会由于少数不安分成员的存在而变得面目全非，这就是团队垃圾（garbage in group）现象。任何团队都无力保证永远只吸纳德才兼备者入围，“垃圾”的滋生难以避免，而能否迅速清除“垃圾”就成了团队成败的制约因素。对待个人主义、消极思想者可及时警告，加以诱导，仍不能促其矫正则予以淘汰。而对待不良品质者，则立刻开除出队伍，绝不姑息。

团队中的竞争与合作

竞争（competition）是一种对抗性的社会活动形式，是人们为了占有某些事物或取得某种有利地位而进行的互相求胜的斗争。产生竞争的主观因素是人有满足一定物质需要和精神需要的愿望和要求，客观因素是人类社会生活的物质条件和精神条件存在着差异。发生竞争的基本条件是必须有一个共同争夺的目标，双方去争夺同一对象，竞争双方中的一方获得了成功，就剥夺了另一方成功的机会。因此，虽然一个团队存在的首要条件就是团队成员之间的合作（cooperation），但是这并不能排除团队成员之间的竞争。

就竞争本身而言，它可以起到冲淡成员之间的分歧、增加成员之间的相互理解和心理相融、消除内部分裂因素、加强成员之间的团结的作用。竞争还会增加成员之间意见交流的机会，容易形成思想观点和态度、情绪的一致性，并形成统一的行动。同时，竞争也会促使成员更加关心团队的工作，更加积极地完成团队交给自己的任务，并主动帮助其他成员完成任务。竞争也可以使团队中的弱点暴露出来，引起团队的重视，从而使团队进行改革，使团队提高到一个新的水平上，同时把团队之间的矛盾暴露出来，及早解决，避免矛盾在潜伏状态下越来越大。

竞争与活动效率的关系通过两种形式表现出来：一是团队内成员之间的竞争与合作对活动效率的影响，二是团队之间的竞争与合作对活动效率的影响。

在一个团队内，有的活动适合于成员间的竞争，竞争越激烈，越有利于活动的进行。而有的活动则适合于成员间的合作，相互配合可以提高活动效率。心理学家归纳了以下四点注意事项：

(1) 从事简单而且团队成员都能独立完成全部工作程序的工作，个人竞争比团队合作的成绩显著；

(2) 从事比较困难而且单个成员不能独立完成全部程序的工作，团队合作的成绩比个人竞争的优越；

(3) 如果团队成员的态度与感情一致，而且又有明确的目标时，团队合作会更优越；

(4) 如果团队成员的态度与感情不一致，而且工作本身又缺乏内在兴趣，个人竞争的成绩会更显著。

在与其他团队竞争的过程中，一个团队是否具有强大的竞争力，首先取决于团队内部的竞争是否合理。如果团队内部的竞争和合作是合理的，就会增强团队的竞争力；反之，团队就缺乏竞争力。因此，从团队动力学的观点出发，要想提高团队的竞争力，团队内部必须具备合理的配置，使各员工之间的竞争与合作同团队的整体活动联系在一起，把个人利益与团队利益结合起来。

一个典型的例子是查理·斯瓦伯（Charles Schwab)。1912 年，安德鲁·卡内基（Andrew Carnegie）以百万美元的天价聘用斯瓦伯担任卡内基钢铁公司的总裁。上任伊始，斯瓦伯到旗下一家钢铁厂去考察，了解到工人很懒散，厂长用尽办法也不能提高产量。斯瓦伯就问日班的领班："今天你们炼了几吨钢?"领班回答："6 吨。"斯瓦伯在交接班的黑板上写下"12 月 1 日日班，6 吨"，默不作声地走了。夜班的领班接班时看到这句话很奇怪，别人告诉他这是总裁亲自写的，于是他和手下拼命工作，交班的时候，他骄傲地在黑板上写上："12 月 1 日夜班，7 吨半。"不久，该钢厂的钢产量就跃居公司首位。

调节组织内竞争水平的艺术，可以使得员工间的竞争不是单纯意义的竞争。这样做，既保持了团队内部有足够的活力，又可提高团队的竞争力，也可强化团队意识，增强集体荣誉感。但是团队内的竞争并不是总能得到有效的控制，有时候也会转化为破坏性冲突。冲突双方各执己见，互不相让，争论由就事论事转化为人身攻击，正常信息流通停止，沟通受阻。这种冲突，往往会带来消极的后果，使团队的能量削弱。

日本的索尼公司（SONY Corporation）是世界顶尖的消费类电子产品供应商，但是有几年的时间，索尼的业绩一落千丈，究其原因，与公司各部门之间的不和密切相关。部门之间不和所产生的后果之一是在产品开发过程中各部门自行其是，缺乏整体协调，导致公司的产品与产品之间以及产品与市场主流产品之间兼容性差。索尼负责战略和并购的高级主管维森塔尔（Robert Wiesenthal）说："我家里有35种索尼电子产品，同时我也有35种充电器。"这种情况给索尼造成了不小的人力和物力资源浪费，也增加了其成本负担。更重要的是，消费者对此感到极其不便，从而影响了公司的销售业绩。部门之间的不和曾经给索尼造成了严重的公关危机。一次，索尼被迫召回大量笔记本电脑电池，此事不仅给公司造成了极大的有形和无形损失，也暴露出公司内部缺乏沟通的弊端。据索尼的首席执行官施均格（Howard Stringer）说，他并不是从自己部下那里，而是从戴尔公司（Dell Computer）总裁迈克尔·戴尔（Michael Dell）口中才了解到了问题的严重性。原来事件发生后，索尼的能源设备公司试图自己解决这一问题，既没有及时向施均格汇报，也没有及时通知索尼的公关部门。

价值观（values）不同的冲突可以说是引起消极冲突的根源。人们的价值观不同，在对事物认识时往往各抒己见，并以自己的价值观作为行为的准则。对事物的认识角度不同也必然会引起冲突。在一个团队中，由于每个人的知识、经验以及生活经历的不同，在认识同一事物时，往往会有观点上的分歧，而这也能导致消极冲突的出现。

本位主义（departmentalism）过重也容易引起冲突。本位主义者缺乏大局观和全局意识，考虑问题时往往以自我或小团体为中心，无论利弊得失都站在局部的立场上，为了维护少数人的利益而忽视整体利益，只能给团队带来消极的后果。

信息流通受阻往往是导致冲突的最直接原因。由于信息流通渠道受阻，致使团队中一部分人不能及时得到信息，所以，行动起来步调就不可能保持一致。此外，由于组织设计不合理，各个部门职责不明，任务不清，也常常会引起相互牵制、推诿。这些因素也是冲突发生的原因。

要避免破坏性冲突，首先要提高团队领导者自身的水平。在冲突发生之后，领导者应当要求冲突的双方本着解决问题的原则，通过商议谋求解决的办法。使用这种方法，要求双方从全局出发，互让互谅，各自做出积极的让步，促使冲突和解。当双方达不成协议，商谈法不能解决问题时，就需要第三者出面，通过仲裁使冲突得以解决。使用这种方法，对仲裁者的要求较高，必须具有权威性，否则仲裁不会有大的效果。当冲突双方经过以上两种方法的调解均无效果时，就要利用命令的方式做出裁决，强迫双方执行命令，这种方法主要是采取强制的手段解决冲突。因此，只起到暂时掩盖矛盾的作用，而不能消除引起冲突的根本原因。

在团队中树立权威

任何团队，由接受任务、确立目标开始，通过一定的组织机构和联系方式，作用于客观环境，最后实现目标，都必须有一个领导机构。团队的成员对该团队领袖的服从是完全必要的，只有这样才能步调一致，提高团队效率。

完美的团队既能统一指挥，保障上下左右协调一致，又能使各个子系统自负其责，活动自如，具有高度的灵活性。为了实现统一指挥，首先应当坚持个人服从组织、下级服从上级的原则。上级要认真行使指挥的权力，下级要自觉接受上级的领导。在团队管理中，下级只能接受一个上级的直接指挥，上级不应越级指挥，下级也不能超越直接上级接受更高一级的领导。其次，上级在实行对下级的领导时，要注意协调统一，不能各行其是。再次，管理者要善于解决个人与组织、下级与上级、团体与团体之间的冲突，能把各方面的需要、利益与目标协调和统合起来，借以达到意志和行动的统一。最后，必须建立健全合理的规章制度，使管理活动以及信息沟通程序化、标准化和规范化，实现团队中各层次、各部门之间纵横两个方面的协调，把责任、权力、职务、人员有机地联系起来，置它们于一种有秩序、可控制的状态中。

对团队领袖的服从，可以使团队在其统一指挥下，成为一个有机的整体，为实现共同目标而努力。反之，如果不服从领袖的安排指挥，团队就会成为一盘散沙，各行其是，就无法达到目标。特别是在紧急情况下，团队成员无条件地服从领袖的统一命令和指挥，就显得特别重要。有些事瞬息变化，如不及时行动就会错失良机，造成损失。只有抓住时机迅速果断地行动，才能取得圆满的效果。

服从（obey）分为绝对服从和相对服从。绝对服从强调的原则是个人服从组织，少数服从多数，下级服从上级，局部服从整体。个人有不同意见，允许保留，但在行动上不准有任何异样表现，只能坚决服从。相对服从是出于相互模仿、暗示、顺从的心理使认识接近或趋同形成的服从。由于团队领袖行使权力和发挥领导活动的方式不同，会使团队产生不同的气氛，从而影响团队成员的行为以及团队的生产效率。在国际竞争中取得空前成功的日本企业，大都是典型的家长式（paternalism）。日本企业家始终坚持这样一种观点，即在经营和发展中，公司应该像一个大家庭，总裁好似雇员的衣食父母，雇员应像孝顺的孩子。特别是一些地位显赫的大领导往往将自己视为仁慈的家长，认为他们的指导原则应当受到“孩子”的尊重。这对于那些仅仅依靠雇佣关系来维系团队的美国式企业是很有启发作用的。

作为一个团队，为了更有效地活动，使每个成员的活动与团队的活动方向相一致，这就需要团队确定出每个成员都必须遵守的行为准则，既包括规章、制度、法令等这些正式规则，也包括风俗、习惯、团队舆论等非正式的、不成文的规范。团队规范（group norms）是团队能保持一致的基本准则。当成员的行为违反常规时，团队就会以各种方法加以纠正或维护其常规，使其重新和团队保持一致。因此，已经形成的团队规范必然对其成员的行为具有无形的约束力。

团队的压力与权威命令不同，它不是由上而下的强制改变个体的行为，而是多数人一致的意见，使个体在心理上不得违抗。这就是说，当一个人发现自己的观点和行为与团队不相一致的时候，就会产生一种孤独、紧张、恐惧的心理，由此促使其产生与团队保持一致的愿望。

在一般情况下，个人与团队的关系会有两种形式：屈服于团队的压力而被迫放弃自己的主张，与众人相一致；或者抗拒团队的压力，坚持己见，与众人疏远。因此，团队的压力往往被认为是对个人的限制，而把坚持己见的人称之为“有个性”，这实际上是不正确的。从团队动力学的观点来看，为了完成某项组织工作，必须依靠团队中的全部成员的密切配合，在有限的时间内做许多复杂的工作。如果没有团队的压力，对个人的欲望一味迁就，就会在无形中削弱团队的力量。

至于说团队压力会抹杀个性的存在，更是没有道理的。作为一个生活在团队之中的人，其个性的完善、才能的发挥，都离不开他人的支持，否则个人就会产生孤独和不安全感，也就谈不上发展了。这正是乔治·梅奥（George E. Mayo）所阐述的：“我们只有属于一个团队的时候，才会有安全之感，如果失去了安全感，纵有金钱上的收获，工作上的保障，也是不足以补偿的。”

那么，团队可以通过什么样的压力而使每个成员变压力为动力呢？

在这一方面，斯坦福大学的列维特（Harrod J. Leavitt）通过研究，提出自己的观点，他认为，如果个人意见与团队意见产生分歧时，团队可以对其采取以下几种方法：

(1) 理智商议（rational deliberation）。又称为“理智的压力”。就是让与会者自由地发表意见。用摆事实、讲道理的方法，使少数人放弃个人观点而服从多数人的意志。

(2) 怀柔政策（conciliation policy）。又称“感情的压力”。当通过讲道理已经不能使少数人屈服，这时可以表示团队与他个人并无原则性的分歧，和大家保持一致，对己对人都有好处。

(3) 舆论压力（opinion pressure）。又称为“心理攻势”。经过好言相劝，仍然坚持个人意见而辜负大家一片好心的人，团队可以对其实行攻击，使之“四面楚歌”，造成心理上的崩溃。

(4) 心理隔离（psychological isolation）。也叫“精神孤立”。通过多方面的谴责后，个人仍顽固坚持，不改初衷，这时团队则使用断绝心理上的沟通、行为上的接触的方法，使之陷于完全孤立的境地。如果这种情况再继续恶化下去，团队则可以用“暴力性”的压力进行惩罚，直至开除出团队。使用团队压力的根本目的，不是为了使某个成员受到压抑，失去活动的积极性，而是为了变压力为动力，增强其活动的积极性，为团队带来活力。

独立性的行为和反从众的行为所以能出现，是因为个体对团队的压力不能相契合，这既有来自个体的原因，也有来自团队的原因。日本心理学家长谷川晃（Hasegawa Akira）认为，一个团队既需要易于从众与合作的组织人（organization man）来推行任务，也需要具有独立思想的个体人（individual man）来创造性的开拓新路。从管理的角度来看，组织人喜欢在团队的环境中工作，对于推行新产品贡献大；个体人喜欢独立工作，在基础研究上贡献大。从集体的立场来看，组织人有利于团队强大集体，个体人则有利于建立高水平的集体。在使用团队压力而使个体服从团队的同时，也提倡团队内个体独立性行为和反从众行为的存在，因为他们的存在，团队才具有活力。

要始终牢记，团队领袖树立权威的目的，不是满足自己的虚荣心，而是通过增强团队成员的服从性来提高团队的效率。

扩展阅读

David Johnson & Frank Johnson

Joining Together: Group Theory and Group Skills

Paul Timm & Brent Peterson

People at Work: Human Behavior in Organizations

Patrick Lencioni

The Five Dysfunctions of a Team

关培兰

组织行为学

曾仕强

中国式团队

课程 14 **专念**

课程名称 专念理论研讨 | ***Research Seminar in Mindfulness Theory***

主　　讲 **Ellen J. Langer** | 第一位获得哈佛大学终身教授职位的女性，积极心理学奠基人之一，独创“专念”理论，曾获美国心理协会大众心理学杰出贡献奖、古根海姆研究学者奖

课程简介

专念/潜念理论是横跨社会心理学、精神病理学和认知心理学重要理论，也是当代心理治疗中最重要的概念和技术之一，并延伸出专念减压疗法（MBSR）、辩证行为疗法（DBT）、接受实现疗法（ACT）、专念认知疗法（MBCT）等著名心理治疗方法。

专念的意义

专念（mindfulness）的概念起源于佛教（Buddhism）。根据佛教的教义，专念可以分为纯粹注意（bare attention）和正知（clear comprehension）这两部分。纯粹注意是指尽可能如实的、不带评论的觉察经验本身，是一种完全接受的心境；正知则是当任何一种行动被需要时，才开始进行作用，包括积极省察所观察的事物。

现代心理学认为专念具有治疗心理疾患、促进心理健康的价值，因此发展出一些整合专念的心理治疗或心理健康促进方案，比如乔恩·卡巴金（Jon Kabat－Zinn）的专念减压疗法（mindfulness－based stress reduction，MBSR）、津戴尔·塞加（Zindel V. Segal）的专念认知疗法（mindfulness－based cognitive therapy，MBCT）、玛莎·林内翰（Marsha M. linehan）的辩证行为疗法（dialectical behavior therapy，DBT）以及斯蒂夫·海耶斯（Steve Hayes）的接纳与承诺治疗法（acceptance and commitment therapy，ACT）等等。这些专念取向介入都已有许多研究证明其对身心健康的效益，例如降低焦虑、忧郁，改善免疫功能，改善自律系统，减缓疾病疼痛感并改善睡眠品质。随着专念研究的进展，有些学者将研究焦点放在探讨专念促进心理健康的机制，也就是专念通过何种中介变项（mediator）促进心理健康，这些中介变项则是促进心理健康的重要因素。已有一些研究证明专念能促进许多心理健康因素，例如提升情绪管理、提升注意力、减少习惯化反应、降低压力反应、协助放松、提升自我控制及接纳、促进同理心。

心理学家认为，专念是一种意识性质（quality of consciousness）或意识模式（mode of consciousness），有六个特质：

（1）清晰的觉察（clarity of awareness）：个体清晰的觉察个人的内在及外在的世界，包含想法、情绪、感觉、行为及当下所处的环境。

（2）非概念性的觉察（nonconceptual awareness）：个体不以建构、分类、比较、解释、评价这些概念性的认知方式干涉直接的经验。这并不意味着专念是反思考的，而是与思考建立一种特别的关系—将思考的内容视为觉察的对象，而建立一种不卷入认知内容的意识。

（3）灵活的觉察（flexibility of awareness）：专念意识如同变焦头，它可以在宏观（指清楚觉察当下所经验的各个事件）与微观（聚焦注意力在特定事件的细节）间自由转换。

（4）对现实的实验性态度（empirical stance toward reality）：鼓励推迟判断，先对经验事件做仔细的检视。

（5）现在导向的意识（present—oriented consciousness）：个体能对当下发生的、立即的经验保持觉察，而能不沉溺在对过去的回忆及对未来的幻想。这并不是说专念心理模式不能回忆过去及计划未来，而是将回忆过去及计划未来时的想法、感觉、情绪、意象视为当下的心理事件，而作为觉察的对象，并且在需要的时候能够转移注意到其他经验。

（6）稳定的注意（stability or continuity of Attention）：稳定的注意是维持专念心理模式的基础，而专念心理模式的发展也有助于注意力的稳定性及持续性。

专念意识的发展历程能促使个人认识到所有意识知觉的现象在本质上都是非真实的，并不必然精确的反映现实。由这样的洞察（insight）可以引申出许多心理及行为的结果，例如防止自动化、习惯性的思考模式及僵化的心理状态及随之而来的行为；鼓励面对、接纳威胁性想法及情绪的意愿。专念意识也有助于洞察个人的需求及价值观，从而促进更大的行为选择性。

由于专念意识对内在、外在现象维持如其所是的直接观察，而可以导致更有效的情绪调节，具体的作用如去敏感化（desensitization）、降低情绪反应性、加快情绪复原、增加对不愉悦情境的耐受及接纳，进一步导致更适应的行为。专念意识可以促进平静、自在的状态，这些状态反映了稳定的幸福经验（stable experience of well－being）或无条件的快乐（unconditional happiness）。专念还可以通过提升免疫力、促进放松等生理过程，达到身心功能提升（enhanced mind－body functioning）。

丹·席格（Dan Siegel）更是将神经科学的证据纳入专念理论。席格在有关安全依附（secure attachment）的研究中发现：安全依附是由人际同频（interpersonal attunement）的经验所引发。同频（attunement）是指两个生命系统彼此共鸣，互相感觉到对方对自己的关注与感觉。专念觉察（mindful awareness）的经验与安全依附时的人际同频经验有很大的重叠，因此他认为专念似乎并不是注意力或情绪调节练习，而是让自己成为自己最好朋友的历程：对自己关注，感觉自己的感觉，与自己共鸣，即内在同频（internal attunement）。

席格相信，如果将专念觉察视为培养心智对自我的觉察，则很可能也会运用到用来觉察他人心智的神经机制。这两种同频经验都具有一些相同的功能，也都与大脑的中央前额叶（medial prefrontal cortex）有关。中央前额叶是神经整合的核心区域，将大脑各种分化的功能组合成各种连结状态，而导引出弹性的、适应性的、协调的能量与信息流，进而达到更复杂、更有适应力的功能。中央前额叶通过与脑岛（insula）的密切工作，将身体和大脑皮层的信息整合起来，而让我们知觉自身的内在世界，并且创造出对他人世界的知觉。

潜念的危害

与专念相对的潜念（mindless）在平常的生活中很常见。当我们做某事做到入神的时候，面对其他的质疑，我们是不是无法解释清楚其中的各个具体的步骤？事先仔细考虑的一个非常熟悉的话题反而会让我们发表看法时变得疙疙瘩瘩。同样，熟悉的结构和韵律会让头脑懈怠，让我们进入潜念状态，因为我们觉得不需要给予这些信息过多关注。

潜念带来的影响包括狭隘的自我形象、控制力的丧失和压制潜能。

狭隘的自我形象（parochial self－image）会让人变得非常脆弱。在将自己与他人进行比较时，人们往往比较的是结果而不是过程，所以可能会错误地产生艳羡他人，轻视自己的情绪。对于结果的过分关注也会让我们的自我形象变得狭隘。基于过去经验的自我形象也会束缚我们的手脚。许多无法超越的极限其实只是我们自己创造的假象。你设定的目标越高，给自己的身份标签越积极成功，你取得的成就也会越大。即使那些自信满满的人也可能潜念地受到身份标签的影响。

潜念会让我们做出不理智的决定，进而限制我们的控制力。导致这一现象的一个重要原因是我们倾向于将所有麻烦归咎于某一种原因。这种倾向让我们看不到其他可能的解决方案，大大限制了我们选择的自由。亚伯拉罕·卢钦斯（Abraham Luchins）和艾蒂丝·卢钦斯（Edith Luchins）对思维定势（mind－set）进行了一系列经典研究。他们发现，人们一旦认为用一种方法就可以解出所有算术题，那么他们就不会寻找其他方法，即使更简单的算法的确存在。

马丁·塞利格曼（Martin E. Seligman）通过研究告诉我们：屡次失败容易造成习得性无助（learned helplessness），即使是有了转机，这种习得性无助也会让人坐以待毙。被这种心理定势掌控头脑的人不会重新审视周围的情况，不会对新出现的有利信息作出反应。过去的经历决定了他们现在的反应模式，剥夺了他们对自己的控制权。如果我们不停地努力寻求各种积极信号，那么习得性无助这种被动心理状态就能被避免。

所有人的潜能都只发挥了一小部分。只有身处积极的压力之中，或特定情况下，我们才会发现自己是多么富有创造力，发现体内沉睡的能量是多么大。潜念能够削弱我们的自我形象，让我们的视野和思维变得狭隘，而它同样能够埋没我们的潜能。

潜念形成的重要原因就是依照不成熟的思维定势行事。在我们第一次遇到某些事物时，它们可能与我们无关，我们不会费心去仔细探究，但不成熟的第一印象却在头脑中深深地扎了根。等这些事物与我们有关了，我们只会调用第一印象，而不会去反思第一印象的准确性。这类思维定势，特别是儿时形成的思维定势往往是不成熟的，因为我们无法预知将来什么时候会碰到相似的情况，会如何运用既往的经验。这样，处于潜念状态下的个人习惯于既定的方式来使用特定信息，而不会探索其他可能的运用方式。初次接受信息的方式决定了我们以后如何使用这些信息。

潜意识过程既是动态的，又是不可知的。潜意识之所以是动态的是因为潜意识过程不断影响我们的意识过程。潜意识想法进入意识的过程会受到有意的抵触。这些无法被接受的念想就会通过梦的改装，进行隐晦的表达，让我们明白自己的生活受到了潜意识的影响。除此以外，我们无法窥见潜意识的真容。潜念这个概念不像潜意识那样充满张力。它并不涉及我们的动机。一旦潜念地学习了一样事物或某种想法后，我们就不再考虑它们了，无论它们是否能够被我们接受。所以，潜意识想法从一开始就是不可知的，但潜念的想法在形成初期是可以被意识加工处理的。

人之所以墨守成规，不接受世界是持续变化的这一事实还有一个主要原因，那就是我们相信资源是有限的。如果仔细考虑自己真正想要得到的东西，那么就会发现，所谓的有限资源其实并不是那么稀缺。人们之所以认为很多东西是有限的，是因为他们过分关注这些东西数量的确有限的方面。在某些基本需求得到满足之后，人们不懈追求的难道不是一种心理状态吗？如果每个人都仔细分析一下自己的欲求，就会发现，我们的许多愿望并非不可兼得，无论是爱情、亲情、信心、尊重，还是兴奋，皆是如此。只有当我们想要得到的东西供给短缺时，取舍才是必要的。如果我们不是狭隘地去看待生活中那些宝贵的东西，那么就不会受制于各种条条框框，就会意识到我们是在作茧自缚，进而能够放开手脚，打破各种类别的既有界限。所以我们最好不要事先对自己的能力设限，这样至少不会受到错误预期的消极影响。

我们之所以会陷入潜念难以自拔，与另一个非常不同，但又相关的问题有关，那就是我们接受的早期教育。从幼儿园开始，学校教育的焦点通常是各种目标，而不是实现目标的过程。从学会系鞋带到考进哈佛大学，孩子们忙于追求各种目标，而这种执着往往会让他们难以对生活抱有专念的态度。在我们的社会中，结果导向让我们无法活在当下。对于熟悉的情景，我们会无视细节的变化；这相当于我们活在过去。我们很注重与结果相关的问题，而忽视了当下的情况。而如果以过程为导向，我们提出的问题就会变成应该如何做，而不是能否做到。这样，我们会将注意力集中到实现目标的各个步骤上。我们要记住，世上没有失败，而只有无效的解决方案。以结果为导向的教育还容易将知识作为普适的事实教授给学生。这也会催生孩子的潜念心理。

我们的行为和所处环境的背景密切相关。人们的行为由背景控制，而心理定势又决定了我们如何对背景信息进行解释。对背景的理解决定了我们会做出何种行为反应。而我们对于特定背景的反应模式大多是在儿时习得的。背景不是一成不变的客观存在。它会随着我们过去和现在的经验，我们看待问题的视角而改变，从而改变了我们的感知和行为。在谈论背景时，我们总是错误地认为背景一直就在那里。我们在解读某些信息的时候容易断章取义（out of context），容易把背景当做客观存在的不变事实。但是背景不能脱离我们而独立存在。背景是一种不成熟的认知承诺，是一种思维定势。背景取决于我们的现在和过去，取决于我们看待问题的视角。但有时候，这些会发生冲突。价值观会创造特定的背景，进而影响我们的感知。

专念与禅修

禅（zen），是“禅那”（dhyana）的简称，意为“静虑”，是佛教的一种修持方法。

在佛教中主要有两种禅修方法：止禅（samatha）与观禅（vipassana），前者通过练习将注意力集中在一个对象上而培养注意力的持续及稳定，进一步达到宁静、清明、喜乐的意识状态；后者则是运用稳定的注意力观察自身及世界，进而对生命产生深刻的洞察，并将这些洞察融入个人的生活中。专念是佛教禅修的重要部份，被视为是观禅的基础。

向智尊者（德裔犹太佛学家，原名 Siegmund Feniger）依据佛教教义阐述专念的心理健康机制，认为专念具有“认识心”、“引导心”及“解脱心”三种心理健康的价值。

（1）认识心：凭借耐心的注意，我们可以将晦暗的心注入光明，掌握它难以捉摸的流动。或者说，允许事物为自己说话，尽可能不让偏见污染对事物的认识，以新鲜的眼光看它们，宛如初见一般，因此事物便逐渐显露出新鲜与有价值的内涵。专念揭露心理变化的本质，让我们观察到心如流水，持续变化，刹那无常的事实与本质，帮助我们体验“无我”的真谛，了知一切存在皆无恒存的实体。对“无我”真谛的体验可以帮助我们解脱烦恼。

(2) 引导心：专念让我们善于反省，因而减缓甚至停止思想到行动的移转，让决策的产生有更多的时间。纯粹注意引导我们面对“现在”，以完全的觉知活在当下，跳脱对过去的纠结、对未来的期盼，恢复人们只有在当下才找得到的自由。专念可以整顿内心凌乱的角落，它揭露并整理内心模糊与片段的认知、未完的思绪、混乱的想法与情绪。这样的揭露与整理让我们更认清自己的不足与优势，也提升了心理功能的效率。

(3) 解脱心：专念让我们学习“放下”的艺术，使人远离忙碌与习惯性的干涉。专念能培养“观”，这是对佛教真谛直接的、深入的证悟，使人逐渐远离烦恼。

海蒂·维门特（Heidi A. Wayment）和杰克·鲍尔（Jack J. Bauer）认为，宁静自我（quiet ego）是心理健康的重要因素。这与“禅”的理念不谋而合。所谓的宁静自我是指平衡对自我与他人的关注，自我觉察、相互依存认同及慈悲经验的发展。宁静自我具有四项特质。首先是超然的觉察（detached awareness），即个体的觉察超脱以自我为中心的评价、解释，开放的接纳对自我、他人及事物的发现，尽可能不防卫的觉察自我、他人及事物的处境。其次是相互依存感（interdependence），能够认识每个人的基本的普遍人性，能了解自我与他人的相互依存关系，能理解他人的观点和感受。第三是慈悲（compassion），以接纳的情感、态度对待自己与他人，具有提升自我、他人及团体的幸福的动机。最后是成长（growth），即关注人性及社会的发展。维门特认为，专念是构成宁静自我的重要因素，通过宁静自我促进身心健康，而佛教禅修练习则通过专念及宁静自我促进身心健康。

据此，佛教的心理健康理论被从灵性的架构中萃取出来，与现代心理学的心理健康理论结合，从而能建立整合佛教人生哲学与现代心理学的心理健康理论。整合佛教与心理学的心理健康理论的核心主题为：结合现代心理学的人格理论、自我理论、认知理论、情绪理论、人际关系理论、神经生理理论与佛教人生哲学中的无常观、无我观、缘起观、慈悲观及佛教禅修的经验、方法，来探讨心理健康的内涵，以及如何促进人们的心理健康。在这些整合佛教与现代心理学的心理健康理论中，我们可以找到两种心理健康观的许多共通点，甚至许多相互启发之处。依据上述的理论架构，整合佛教人生哲学与现代心理学的心理健康观不再将根除烦恼视为心理健康的必要条件，但同时也将觉悟、解脱、无我、慈悲这些概念纳入心理健康的范畴中，而扩展了心理健康的意义及内容。

专念练习的技巧

专念是一种需要练习的技巧，这些练习可以帮助人们更加留意每一刻的经历，更仔细地观察和描绘自己的思想和情绪。本节就将介绍这些具体练习方法。

首先，练习集中注意力一分钟。它的目的是让你更留意你的时间感。这个练习需要准备一只带秒针的表。找个舒服的椅子坐下，确保你在几分钟内不会被干扰。开始用手表计时，然后不要看手表，也不要数秒数，就坐在那儿，当你觉得过了一分钟，再看手表，看看实际过了多久。如果不到一分钟，想想这种情况对你的影响：你是否总是做事匆忙，因为觉得时间不够？或者时间超过了一分钟，如果是这样，想想这种情况对你的影响：你是否经常约会迟到？

很多人觉得时间过得很快，结果他们总是匆匆忙忙地做事，总在想接下来该做什么，或是接下来会出什么错。不幸的是，这使得他们更加忽略手头上的事。还有些人觉得时间过得很慢，结果他们做事总是拖拖拉拉，这个简单的练习就在于培养对每一刻体验的准确意识，让人留意时间到底走得有多快或多慢。

第二个练习是锻炼关注一个事物。可以是任何东西，比如一支笔、一朵花、一块手表、一枚戒指、一个茶杯或类似的东西。做一个缓慢的深呼吸，看着你眼前的东西，不要碰它，用眼睛观察它可能有什么不同的表面，用上一点时间观察它的外形，然后想象它拥有的不同的特征：这个东西的表面看起来是什么样的？是发光的还是晦暗的？是光滑的还是粗糙的？看起来软还是硬？是杂色的还是纯色的？然后把它拿在手上，去触摸它，注意它摸起来的不同感觉。是光滑的还是粗糙的？有皱纹还是平的？可以弯曲还是钢硬的？这个东西不同的部分摸起来不一样吗？可以的话，估计一下它的重量。在练习过程中，你肯定会被一些思想、记忆或别的感知所打扰，这不要紧，每个人做这个练习都会遇到这样的问题，尽量不要自责和中断练习。只是在开小差时，要马上警觉，把自己拉回在观察的事物。

要做到集中精力，最大的障碍是注意力从一件事跳到另一件事，或从一个念头闪到另一个念头。结果会让人感到迷茫、挫败。这个练习将帮你关注一个目标，让你学会观察什么都能专心致志。

第三个练习可以教你认识和关注你的思想、情绪和身体知觉。在这个练习中，你将弄清楚三分钟内你会产生多少想法，可以更加意识到你大脑的运转速度。用计时器设置三分钟的时间，开始在纸上写下你每一个想法，但不要逐字逐句地记录，写一两个代表该想法的词就行，比如，你正在思考下周前必须完成的一个工作项目，写“项目”，然后记录下一个想法。看看你在三分钟内能抓住多少想法，哪怕是很小的心思练习结束时，数数你在三分钟内有多少想法。

接下来就可以练习思想解脱（ideological－liberation）。当痛苦的思想反复萦绕，人很容易被它俘虏，就像鱼咬上钩上的鱼饵。相反，思想解脱能帮你留意观察你的思想而不是深陷其中。思想解脱需要运用想象力，目的是把你的思想视觉化，让它不留下伤害地被你抛开。想象一个场景，比如想象你坐在田野上，看着你的思想随着云朵飘走；或者想象你坐在小溪边，看着你的思想随着落叶飘走；或者看着你的思想写在沙滩上，然后被波浪冲刷掉。找个舒服的地方坐下，做几个缓慢的深呼吸，放松，闭上眼。想象你正置身于你选择的情景内，无论是沙滩上、小溪边、田野里、房间内还是其他什么地方，看着你的思想不断来去，充分运用想象将自己融入那个画面。然后，开始留意自己的思想。开始观察正在产生的思想，无论是什么。不要强行打断你的思想，静静地看着思想出现，然后，用你选择的任何技巧看着它们消失。无论是什么样的思想，大的或小的，重要的或不重要的，看着它们在你脑子里显现，然后，用任何选择的方式让它们飘走或消失。

第五个练习是描绘自己的情绪。首先选一种情绪，可以是愉快的，也可以是不开心的。最好选择你此刻正感受到的情绪，除非它是极度的悲伤或自毁情绪。如果你不能认清自己现在的情绪，就选择你最近经历过的情绪，要那种容易记住的。无论你选择哪种情绪，尽量描绘得具体一些。接着，运用你的想象力，为情绪画一幅画，例如用太阳的图画表达愉快的心情。然后，再找到一种声音进一步描绘你的情绪。例如，如果你很悲伤，就可用呻吟来描绘，像“呃”，或者某首歌更适合表达你的情绪。尽可能好地描绘这种声音，写在图画的旁边。然后，描绘一种与你的情绪相对应的行为。例如，你觉得无聊，就可以用打盹；如果你害羞，可以跑开躲起来。尽可能好地描绘这种行为，写在图画的旁边。

这个练习的下一步就是描绘你关注的情绪的强度。这需要想一想，尽可能准确地描绘情绪的力度，大胆构想，必要时可用上比喻。例如，如果你感到紧张，可以写感觉如此强烈，就像“心脏遭到摇滚乐鼓点的撞击”。或者你只是有些生气，你可以把这种程度写成像“蚊子叮咬”。描绘了情绪的强度后，简要描述情绪的整体性质，尽量大胆地构想。如果你感到紧张，可以说成“膝盖软得像果冻”，如果你生气了，可以说成“像水要开了”。为了传达你的感受，描述尽量准确，思路放开，再加上你情绪引起的思想。描绘思想应该可以用下面的句子开头：“我的情绪让我认为……”或“我的情绪让我想到……”区分思想（mind）和情绪（mood）很重要，因为这能让你在以后能更好地控制它们。如果你很自信，可能由此产生让老板给你升职的想法，或者让你想到过去的人生得意；如果你感到脆弱，很可能认为再也承受不了更多的人生波折，或是担心如果你不能变得更坚强，无法面对将来的问题。

最后，让我们来练习呼吸。一只手放在胃部，用鼻子慢慢吸气，用嘴慢慢呼气，感受你胃部随着呼吸的起伏，想象你的肚子随着吸气像气球充气，呼气时又瘪了下去。感觉吸进的气流通过鼻孔，呼气时通过嘴唇，当你呼吸时，留意身体的感觉，体会你的肺被空气充盈，感觉你站立之处承受的体重。随着每一次呼吸，感觉你身体不断地放松。现在，你继续呼吸，开始数着你每一次的呼气，可以默数，也可念出声，每数四下为一轮。当你数数时，不时地转而注意你的呼吸方式，留意在吸气和呼气时胸膛和胃部的起伏。

留意任何将你注意力从呼吸上分散走的杂念或其他干扰，它们可能是回忆、声音、身体知觉或情绪。当你开始走神，将注意力拉回到数呼吸或它的生理感受。不要因分心而自责。当你被某些思想和刺激分心的时候，最简单也是最有效的解决办法就是注意你呼吸的起落。

扩展阅读

Ellen J. Langer

Mindfulness

Jon Kabat－Zinn

Full Catastrophe Living: How to Cope with Stress, Pain and Illness Using Mindfulness Meditation

Ronald D. Siegel

The Mindfulness Solution

Shunryu Suzuki & Edward Brown

Not Always So：*Practicing the True Spirit of Zen*

虚云

禅修入门